Pour nous libérer les rivières

Cet ouvrage a été publié par une maison d'édition indépendante,
et imprimé au Québec sur du papier québécois issu de sources responsables.

Atelier 10

Une entreprise sociale qui diffuse les idées susceptibles
de favoriser l'émergence d'un Québec nouveau, plus juste, démocratique
et solidaire, respectueux du monde naturel et de tous les individus
qui peuplent son territoire.

156, rue Beaubien Est, Montréal (Québec) H2S 1R2
info@atelier10.ca · atelier10.ca · 514 270-2010

Partenaire associé

UQÀM

Hugo Latulippe

Pour nous libérer les rivières

Plaidoyer en faveur de l'art dans nos vies

Documents

A|O

La collection *Documents* est dirigée
par Nicolas Langelier.

Édition Vanessa Allnutt et Nicolas Langelier
Révision Liette Lemay, rév. a.
Design de la couverture et conception de l'intérieur Jean-François Proulx, balistique.ca
Mise en page Alex Blondin, balistique.ca
Œuvres Stéphanie Robert

Diffusion / distribution au Canada
Flammarion / Socadis

Nous utilisons l'orthographe modernisée.

Dépôt légal
Bibliothèque et Archives nationales du Québec, 2019
Bibliothèque et Archives Canada, 2019

ISBN version imprimée : 978-2-89759-507-4
ISBN version numérique (PDF) : 978-2-89759-508-1
ISBN version numérique (ePub) : 978-2-89759-509-8

Catalogage avant publication
Bibliothèque et Archives nationales du Québec et Bibliothèque et Archives Canada

Titre : Pour nous libérer les rivières / Hugo Latulippe.

Nom : Latulippe, Hugo, auteur. | Atelier 10 (Organisation), organisme de publication.

Collection : Documents (Atelier 10 (Organisation)); 16.
Description : Mention de collection : Documents; 16.

Identifiants : Canadiana (livre imprimé) 20190034165 | Canadiana (livre numérique) 20190034173 | ISBN 9782897595074 (couverture souple) | ISBN 9782897595081 (PDF) | ISBN 9782897595098 (ePub)

Vedettes-matière : RVM : Art et société. | RVM : Environnement dans l'art. | RVM : Documentaires—Production et réalisation —Aspect social.

Classification : LCC N72.S6 L38 2019 | CDD 701/.03—dc23

Nous remercions la Société de développement des entreprises culturelles de son soutien.

SODEC Québec

Nous remercions le Conseil des arts du Canada de son soutien.

Conseil des arts du Canada Canada Council for the Arts

Nous reconnaissons l'appui financier du gouvernement du Canada.

Canada

Table des matières

Avec toi

Moi qui suis attaché aux choses triviales de la vie quotidienne, je me doute bien que la tempête va me les enlever. C'est précisément ce que j'attends d'elle. Ce sera dur, je le sais. Mais j'aime cette exigence envers moi, envers nous. Peut-être la tempête me laissera-t-elle seul au milieu de rien? Alors, soit! J'aime mieux une vie dans la tempête qu'une vie à me reposer. Intuitivement, par gout, par devoir, je cherche la tempête.
— Enrico Casagrande

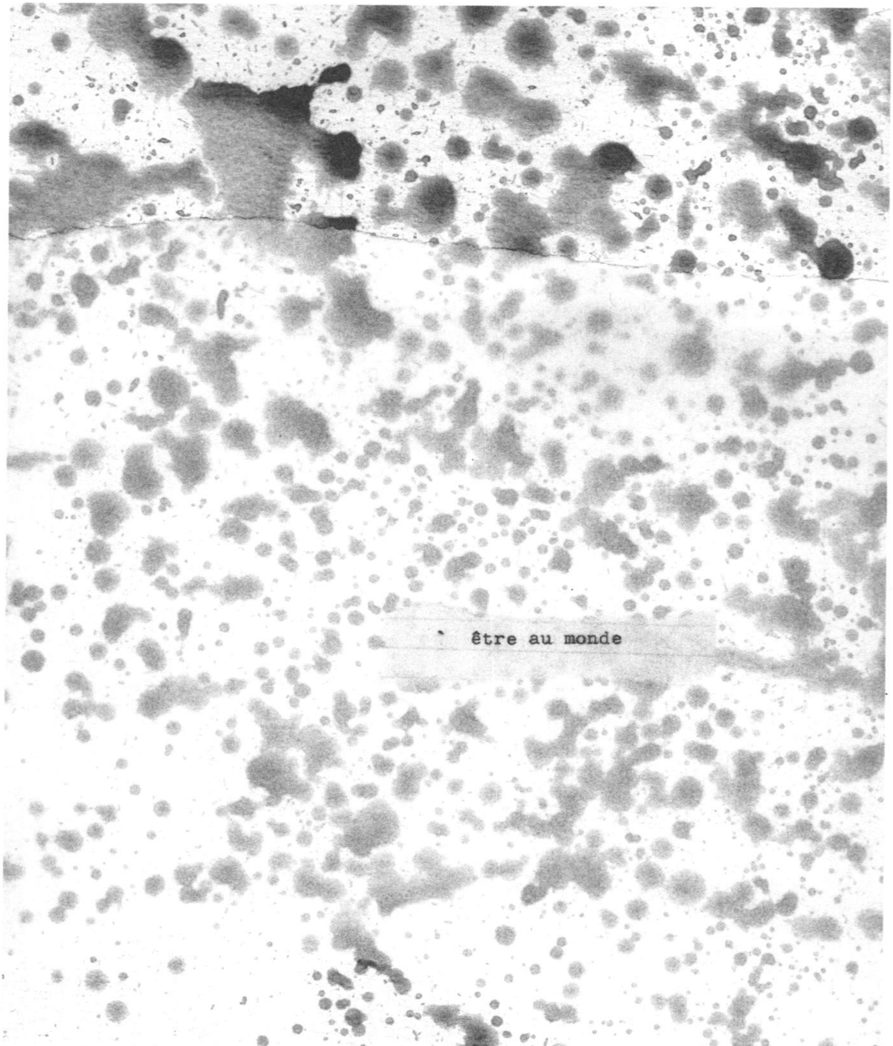

être au monde

ET SI LES ARTISTES DÉTENAIENT UNE CLÉ pour stopper la déroute de notre temps ? Et si l'art permettait de retrouver le chemin du beau, du sacré et de la pensée ?

Je ne suis pas un historien de l'art. Je ne suis ni un spécialiste patenté ni un universitaire couronné. Je pense que je ne suis pas même un cartésien. Je revendique fièrement mon appartenance au monde de l'intuition et des sentiments.

Mais puisque des œuvres me sauvent la vie tous les jours—me préservent du cynisme, du dépit, de la rigidité, de l'isolement, de la dépression—il y a un bout de temps que j'ai en tête ce plaidoyer en faveur de l'art dans nos vies.

> notre bonne étoile ne va pas bien
> notre petit manège tourne au naufrage
> (on croirait que la mer va se refermer sur nous)
> les Yankees n'entendent plus nos voix
> ils usinent des cœurs de pierre

Il me semble que la civilisation des Lumières frise la faillite.

*

J'ai rencontré Jean Désy au Salon du livre de Rimouski l'an dernier et, à la faveur d'une tempête de neige monumentale, il m'a invité à boire un coup. Gaillard, j'en ai profité pour tester mon hypothèse une première fois: l'instrumentalisation des richesses naturelles et humaines par le système capitaliste mondialisé sous l'égide du cartésianisme est une construction morbide.

Je me trouvais courageux de me lancer sur cette voie avec lui; Jean est professeur de médecine à l'Université Laval après tout, une discipline de la raison pure! Mais tout de suite, nous sommes tombés d'accord. La soumission de la vie à l'empire de l'argent—et à sa justification logique—est une erreur philosophique grave.

Jean en a remis. Il faut sortir de la raison au plus vite, m'a-t-il dit. «L'avenir dépend d'une involution associée à un acte d'amour tout à fait irrationnel. Toute personne qui amorce des études avancées dans le monde des sciences pures ou appliquées devrait obligatoirement être mise en contact étroit avec les arts et la littérature. Plus ces études seront scientifiques et plus la plongée dans l'univers poétique d'Homère, de Molière, de Goethe, de Shakespeare et de Dostoïevski devra être profonde et soutenue.»

J'étais sur un filon. Il n'en fallait pas plus pour me mettre le feu.

Je suis d'avis qu'à ce moment-ci de l'histoire humaine—à l'heure de l'urgence climatique absolue—les arts peuvent contribuer à nous *déboiter* et nous permettre de basculer salutairement dans une nouvelle époque.

> Il va falloir oser.
> Oser la rupture, oser la dissidence.
> Il va falloir inventer de nouvelles façons d'exister.

Tout me mène à cette idée simple: si l'art peut déclencher des renversements dans nos vies, pourquoi pas dans le monde?

Ce court essai propose une trajectoire toute personnelle dans une géographie inventée. La définition de l'art que j'y élabore, taillée à la hache, n'a pas la prétention d'être savante. Je tente simplement d'exposer le fait qu'au contact des œuvres, je trouve perpétuellement de nouvelles raisons

d'aimer mes semblables
de douter de ma grille de lecture
d'affiner ma pensée
de m'insurger
de résister au bulldozer de notre temps
et surtout, surtout,
de battre des pistes pour enfin m'expliquer
le sens de notre présence *icitte*.

Sur le mode documentaire qui est le mien, j'ai consulté des artistes aimés ou estimés ainsi que des gens qui, comme moi, entretiennent un rapport intense à la littérature, au cinéma, au théâtre, à la musique, à la peinture. Souvent, ils ont su nommer le fond de ma pensée mieux que moi. Si leurs termes ne se retrouvent pas nécessairement ici, ils m'ont tous généreusement nourri. Et ils m'ont donné la conviction *qu'il y avait quelque chose là*. Je les remercie affectueusement.

Il s'agit de Normand Baillargeon, Mylène Bouchard, Simon Boulerice, Dominic Champagne, Olivier Choinière, Véronique Côté, Jean Désy, Catherine Dorion, Hélène Dorion, Philippe Ducros, Nadia Essadiqi, David Goudreault, Véronique Grenier, Brigitte Haentjens, Anne-Marie Olivier, Yvon Rivard, Mathieu Roy, Marc Séguin, Kiya Tabassian et Elkahna Talbi.

d'autres sentent la vie comme moi

Pour nous sortir de nous

L'art contemporain ne peut plus emprunter les mêmes chemins intellectuels que depuis 100 ans, cet art pour la bourgeoisie, pour la contemplation. L'art pour « regarder » le monde est révolu. Je cherche pour ma part à produire de l'art qui « agit ». Un art dans lequel les gens se verront comme partie de l'œuvre.
— Tania Bruguera

MON HISTOIRE COMMENCE AVEC *Léolo*, le film de Jean-Claude Lauzon.

Il y a ce mariage entre les mondes, cet amalgame entre l'Italie et le Mile End; il y a le *Frank's Wild Years* de Tom Waits coulé sur les scènes du grand frère qui roule des mécaniques (mais qui a un cœur de pomme); il y a cette pêche aux trésors dans les fosses polluées de la rivière des Mille Îles des années 1950, tournée avec un *swag* jusqu'alors inconnu, presque gitan; il y a cette ville imaginaire et ses souterrains parcourus par Pierre Bourgault en clochard céleste qui répète au petit-Queb-des-ruelles qu'il faut rêver plus (ça ne s'invente pas).

Ce n'est pas mon premier vrai film. Ce n'est pas non plus le premier qui me donne envie d'en bricoler.

Pelle le conquérant de Bille August, *Ma vie de chien* de Lasse Hallström, *Les bons débarras* de Francis Mankiewicz, *Do the Right*

Thing de Spike Lee, *Au revoir les enfants* de Louis Malle, *Toto le héros* de Jaco Van Dormael, *The Navigator* de Vincent Ward, *Urga* de Nikita Mikhalkov, *Europa* de Lars von Trier, *Mission* de Roland Joffé, *Cinema Paradiso* de Giuseppe Tornatore et *Les ailes du désir* de Wim Wenders ont tous été réalisés quelques années avant *Léolo*.

Et bien qu'à 19 ans j'aime dire que j'ai un fort penchant pour le cinéma européen, *Léolo* vient brouiller les cartes. Je constate que ces films qui ont marqué la fin de mon adolescence ont tous quelque chose du réalisme magique; les personnages sont souvent aspirés vers le deuxième étage du monde, par ce que Félix-Antoine Savard a surnommé, dans *La dalle-des-morts*, «les rivières au-dessus des rivières».

Je dirais aujourd'hui qu'il y a une parenté évidente avec les œuvres de Gabriel García Márquez, de Jorge Luis Borges et même de Jack London dans l'ADN de ce film-songe. Il y a une candeur dans la mise en scène, un lyrisme appuyé et, aussi, un petit côté pute dans la réalisation qui le rendent résolument nord-américain.

Léolo n'est pas parfait. Comme chez tous les réalisateurs qui font de la pub à côté, l'effet n'est jamais très loin; ce raccourci technique qui trahit une fascination d'enfant pour les jouets du cinéma.

Mais au-delà de sa forme, *Léolo*, c'est d'abord l'histoire d'un enfant qui rejette la perspective d'une vie au service de la machine. Léolo voit son père ouvrier prisonnier de l'engrenage social, en bas de l'échelle, sans possibilité de vie intérieure. Il voit son père désincarné-vivant. Il voit son obéissance à un ordre carnivore dont les tenants et aboutissants lui échappent, maintenant et toujours. Il comprend que les villes industrieuses du monde mangent les hommes par millions.

Léolo ne participera pas à cette chaine de scalpés de père en fils. Tel est le sens de son mantra. « Parce que moi je rêve / Moi je ne suis pas… / Parce que moi je rêve / Moi je ne le suis pas… fou. »

Il ne finira pas enchainé, lui.

Il ne sera pas vassalisé.

Léolo se constitue sous nos yeux face à ce père-chair-à-canon en disant : je ne serai pas cet être qui n'a pas de rêves (et donc qui n'existe pas). Ou alors : je deviendrai fou pour la peine et on m'enfermera. « Et j'irai me reposer, la tête entre deux mots, dans la vallée des avalés. »

Léolo me percute *full blast*.

Je me revois sortir au ralenti de la salle du complexe Odéon sur le boulevard Charest, à Québec. Je me souviens des tapis rose bonbon et des murs lime fluo comme d'une forme de violence. Je me souviens de la laideur du dehors aussi. De ce boulevard sordide sur lequel on émergeait après les projections ; ce décor d'une mocheté toute nord-américaine, fait de bitume, de bruits, de pots d'échappement et de voitures coincées parechoc à parechoc, qui engloutit instantanément la magie des films. Je me revois, sonné, comme après un accident.

Je me rappelle les bretelles, les échangeurs et les autoroutes qui séparent Québec de sa banlieue, que je connais par cœur, avec en tête la belle voix de Gilbert Sicotte qui répète en boucle : « Moi je ne le suis pas… fou / Parce que moi je rêve… »

Je n'étais pourtant pas un Italien ni un ti-cul des ruelles. Je n'étais pas issu d'un milieu ouvrier. Je n'étais même pas un Montréalais ! Mais ce film a agi sur moi comme un miroir parfait, ouvrant une brèche définitive dans mon esprit. « *There is a crack in everything* », chante Leonard Cohen.

J'ai dès lors eu la conviction qu'il me fallait passer par cette percée pour chercher mon chemin. Je voulais vivre de l'autre côté du miroir.

Comme la plupart des gens de ma génération, j'ai grandi dans un monde obsédé par le matériel et les contingences. Un monde qui s'est mis en route il y a très longtemps, lors de la révolution industrielle, et qui, par palier, n'a cessé d'accélérer la cadence. D'aussi loin que je me souvienne, cette société de centres d'achats, de *fast food*, d'autoroutes à six voies et de gens qui achètent continuellement des affaires—qui s'en vantent et en tirent une fierté—m'a fait ressentir un vide intérieur profond.

Une lassitude.
Une colère sans bon sens.
Et une grande solitude.

Léolo m'a fait voir ça en face, d'un seul coup. Ce film a été ma première rencontre avec moi-même en tant qu'artiste, avec ce que je ressentais face au monde.

*

Les Québécois francophones descendent en grande partie de paysans ou d'ouvriers généralement croyants et obéissants. À la faveur de la Révolution tranquille, entamée par la génération de mes grands-parents, une proportion impressionnante de leurs enfants—les babyboomers—ont soudainement pu gravir les échelons de l'ascenseur social, faire des études, voire aller à l'université, et démarrer des entreprises. Exit le *foreman*, l'humiliation, l'asservissement. Ils sont devenus des professionnels, des fonctionnaires, des contribuables. Les enfants de la révolution ont vécu une vraie libération et ont profité de l'entrée du Québec dans la modernité matérielle et intellectuelle.

Puis tranquillement, au fil des ans, à l'instar des soixante-huitards de la plupart des pays occidentaux, leurs idéaux de jeunesse se sont effondrés. Nombre d'entre eux se sont retrouvés agenouillés. De nouveau.

En 1980, les Québécois n'obéissent plus beaucoup au contremaitre unilingue anglais. Mais ils obéissent à leur envie d'exister matériellement. Ils obéissent à leur fierté de posséder des choses—et donc à la banque qui leur a prêté l'argent pour la maison, les autos, le chalet, le Winnebago, les vacances, et bientôt la piscine, le mobilier de jardin, le tracteur-tondeuse et le cinéma maison. Comme les autres peuples d'Occident, les Québécois se sont faits prisonniers de leurs dettes, de leurs choses, de leur gout pour les cossins.

Le glissement s'est opéré subrepticement, comme une lente anesthésie. Ils se sont trouvés subordonnés, mais d'une nouvelle manière. Soumis à un ordre qu'ils contrôlent encore moins que l'Église, puisque les ficelles du monde matériel mènent toutes à Toronto, aux États-Unis, en Chine, au Japon, en Allemagne, en Suisse, au Royaume-Uni.

Partout, sauf ici.

On leur a fait croire au libre arbitre, à l'individualité—toute l'industrie de la pub a, depuis 75 ans, érigé cet individu souverain en mirage—, mais ils sont devenus les sujets d'un nouvel empire. Le cinéaste italien Pier Paolo Pasolini disait: «Je suis profondément convaincu que le vrai fascisme est ce que les sociologues ont trop gentiment nommé la société de consommation.»

J'ai grandi dans cette société si confortable qu'elle ne parvient plus à se remettre en jeu ni à poser le beau, le sacré et la pensée au cœur de son projet.

C'est ce que j'éprouve dans mes tripes d'adolescent révolté quand je lis J. D. Salinger, Joseph Conrad, Pablo Neruda, Jack Kerouac, Allen Ginsberg et les *beats*, et quelques premiers traités de philosophie; quand j'écoute les Doors et les Sex Pistols.

Ma révolte est intuitive. Je suis à l'aube de la vingtaine, je ne comprends pas grand-chose au monde. Mais la littérature et la musique nourrissent ma colère.

Je vois la défaite partout. Je vois le père de Léolo à chaque coin de rue. Je vois la déception des «révolutionnaires» d'autrefois s'étaler de tout son long dans les files d'automobiles infinies du lundi matin, de Québec à Calgary, de Fort Lauderdale à Pittsburgh.

Seuls au milieu de millions de gens seuls.

Je vois la horde de gens hypnotisés par des choses usinées, par des considérations mineures mais nombreuses, qui occupent une trop large part de leur vie et les détournent du cœur de l'affaire. Je vois le feu des luttes perdues—ou oubliées— s'éteindre dans leurs yeux étonnés. Je vois une certaine tristesse politique.

Denys Arcand, l'historien-cinéaste, a tourné un film extrêmement dur, mais extrêmement juste, à propos de sa génération: *Le confort et l'indifférence.* Il est sorti en 1981, tout juste un an après notre Waterloo: la première défaite référendaire.

*

Léolo catalyse ma colère de jeune adulte. Il nomme le malaise de la civilisation que je ressens dans ma chair, avec poésie.

Et je comprends à ce moment-là que l'art permet de déchiffrer les malaises. Comme toutes les grandes œuvres, ce film met le doigt sur l'embarras que j'éprouve à la perspective de «marcher heureux vers le dépotoir de l'espèce», expression que j'emprunte à Louis Gauthier, dans *Voyage en Irlande avec un parapluie.* Je ne vais pas rouler le cinquième de ma vie dans un carré de tôle plié à Détroit ou à Munich—selon le statut de chacun—et vivre satisfait avec la mesure de l'argent et le repos de la distraction.

> L'art est un appel à vivre. C'est-à-dire à ne pas faire de l'existence humaine qu'une accumulation de gestes, de tâches, d'objets.
> HÉLÈNE DORION

Rien n'a jamais plus été pareil. *Léolo* dit des choses fondamentales que je ne comprends pas tout à fait sur le coup, mais dont je ne peux assurément pas me remettre. Des choses qui engagent à changer de récit. Et puisque je suis un extrait pur jus de ce quiproquo historique, je réalise aussi qu'il me faudra guerroyer contre moi-même pour sortir de ce «nous» qui ne m'intéresse pas.

L'art permet de s'affranchir de ce qui se voit.
L'art permet d'entrevoir la partie immergée de l'iceberg.

Comment retrouver la voie de ce qui nous nourrit, de ce qui nous agrandit par l'intérieur? Comment nous affranchir de la poutine? J'en déduis qu'il me faut faire des liens, établir des solidarités, ouvrir grand. Je me suis alors mis en route vers d'autres œuvres afin d'amplifier le mouvement, et d'aggraver mon cas: Réjean Ducharme, Blaise Cendrars, Arthur Rimbaud, Antoine de Saint-Exupéry, Romain Gary. Depuis, mon appétit a cru de manière exponentielle. Je sais aujourd'hui qu'il est sans fond.

> L'art nous agrandit le *chest* à l'infini.
> NADIA ESSADIQI

J'ai commencé à comprendre six choses fondamentales lorsqu'on est jeune, lorsqu'on est en colère, et lorsqu'on est un artiste:

je ne suis pas seul
je ne suis pas seul à sentir que je suis seul

des gens me précèdent et m'entourent
ces gens sont liés comme une chaine ininterrompue
ils sont de ma famille
avec eux, je veux agir sur le monde.

On parle beaucoup d'art «engagé» par les temps qui courent. Or, il me semble que ce terme désigne souvent des gestes didactiques, parfois sans réelle envergure artistique, des œuvres qui *disent* des choses de manière univoque (ce qui ne les rend pas nécessairement impertinentes). C'est devenu un *buzzword* qu'on utilise à tort et à travers.

L'art est forcément engagé. Si l'artiste ne s'y compromet pas, s'il ménage les sensibilités ou si les œuvres sont échafaudées d'après des considérations pécuniaires ou un «public cible», il n'est plus dans l'art. L'art désengagé n'existe pas.

Ainsi, *Léolo* est à mon avis un film redoutablement engagé. C'est un film *chargé*. J'aime ce mot, il fait plus dangereux.

L'art est chargé.
L'art est dangereux.

Cet hiver, j'ai revisionné *Léolo* avec mon amoureuse, qui ne l'avait jamais vu. Sa charge m'a semblé complète, entière, pérenne. Seul *Le regard d'Ulysse* de Theo Angelopoulos me fait autant pleurer.

L'art dit des choses si émouvantes qu'elles nous renversent.

À 19 ans, je conclus ceci: il faut que je sorte de moi maintenant, tout le temps et à tout prix.

Pour nous décoloniser

Je me bats contre la petitesse de l'univers de mes parents, la petitesse du pays et de la ville dans lesquels j'ai choisi de vivre.
— Robert Lepage

COMME NOUS TOUS, j'ai été gavé d'histoires de gringos durant mon enfance. Devrais-je plutôt dire de ces trois ou quatre histoires au dénouement prévisible—toujours les mêmes ? Le scénariste que je suis pense que oui. Hollywood est un système de schémas très simples, une machine à composer des variations de la matrice.

La narration du monde qui en résulte est le corollaire de la société de consommation; elle nous colonise de l'intérieur depuis si longtemps qu'elle compose la trame générale de l'imaginaire des Québécois, comme de celle des Islandais, des Jordaniens, des Indiens.

Nous savons par exemple au premier coup d'œil que l'homme blanc d'âge moyen qui a juste assez de répartie, juste assez de défauts, juste assez d'autodérision et juste assez de *sex appeal* est le héros, et que c'est lui que nous devrons suivre dans le cadre.

Cet environnement mental que nous connaissons par cœur est notre salon, notre confort. C'est ce qui fait dire à des tas de gens, le vendredi soir, qu'ils « ne veulent pas se casser la tête ». Ce qui signifie qu'ils veulent rejoindre le La-Z-Boy intérieur d'un film qui répétera les codes qu'ils ont appris et assimilés. Notre corps connait le chemin.

Ce schéma mathématique n'est pas une forme de l'art. Plutôt un véhicule idéologique pour tous les stéréotypes carnassiers qui président à la destruction des sociétés et des écosystèmes du monde. Hollywood est une vitrine de tout ce qui se vend et s'achète.

> L'art est une volonté de subversion, existentielle ou sociétale, une expression poétique d'une réalité insoutenable. Le travail de l'artiste est avant tout de combattre, par des gestes poétiques, les consensus de l'époque qui formatent les esprits.
> MATHIEU ROY

Et quoi qu'en disent une bonne part de mes camarades souverainistes encore attachés à l'expression *société distincte*, j'en suis venu à penser que du point de vue culturel, nous ne sommes dans les faits pas très loin d'être des Américains comme les autres. L'écrasante majorité des films que les Québécois vont voir en salle sont américains; 87% en 2016, pour être précis. Nous sommes colonisés jusqu'à la moelle. Comment peut-on prétendre construire une société distincte avec les rêves des autres?

Pierre Falardeau ne s'y trompait pas sur l'absence de cohérence (de tonus?) des Québécois de sa génération. Il a créé l'allégorie d'Elvis Gratton pour nous parler de nous et de nos contradictions. «*Think big*, stie!» À coups de poing, Falardeau nous a dit: on ergote abondamment dans nos salons et autour de la table—on pérore, on a de la superbe—sur la différence québécoise, mais notre empreinte dans le monde n'a peut-être, au final, pas grand-chose de distincte.

toutes les rivières du monde vers nous

J'essaie pour ma part d'en voir le moins possible, des films hollywoodiens. C'est ma petite rigidité assumée. Ma résistance. Je suis de très mauvaise foi. Je ne peux m'empêcher de percevoir dans ce projet d'exportation culturelle un mouvement d'homogénéisation de nos sensibilités, aligné sur la psyché coloniale, moraliste et capitaliste américaine. Et par solidarité à l'égard des imaginaires du reste de l'humanité, je refuse aux Yankees l'accès à mon jardin privé. Je me dis qu'ils ne m'auront pas.

L'art nous préserve des idées bon marché.
L'art n'obéit à personne.

Les films américains de plusieurs cinéastes québécois talentueux n'ont plus grand-chose de l'art; ni dans le langage ni dans le propos. On peut se targuer de produire de bons élèves de l'école américaine, mais on ne compose pas une trame révolutionnaire avec de la peinture à numéros. On s'amuse bien quand une action mène à la prochaine dans une chaine sans fin qui nous laisse hébétés. On se change les idées, sans plus.

Bien sûr, il y a des exceptions magnifiques, souvent le fait de cinéastes étrangers, d'ailleurs: *Arizona Dream* d'Emir Kusturica, *My Own Private Idaho*, *Milk*, *Elephant* et *Last Days* de Gus Van Sant, *A River Runs Through It* de Robert Redford, *American Beauty* et *Revolutionary Road* de Sam Mendes, *The Indian Runner* de Sean Penn, *Biutiful* et *Birdman* d'Alejandro González Iñárritu, *The Thin Red Line* et *The Tree of Life* de Terrence Malick ainsi que *The Straight Story* de David Lynch.

Mais par définition, l'art contribue au monde. Alors qu'Hollywood lui prend quelque chose.

*

C'est dans mes premiers cours de cinéma, au collège, que j'ai commencé à voir des histoires déroutantes, écrites ou composées autrement.

Je me souviens de mes premiers Bergman, Kurosawa, Fellini ou Buñuel. Ces dramaturgies étranges ne confortaient pas cette sorte d'envie de sucre à laquelle Hollywood nous a habitués; le héros était difficile à identifier, il ne gagnait pas nécessairement à la fin, les plus beaux pouvaient être des connards, etc.

Et puis il y avait des référents inhabituels. Des quêtes philosophiques qui m'étaient étrangères. C'étaient souvent des constructions bourrées d'ellipses, en plus. Je m'y perdais. Je ne comprenais pas qu'on me laisse repartir avec une fin inconfortable ou indéchiffrable. J'étais peu instruit en termes de narration—en termes *poétiques*, dirait Aristote. Ça m'a d'abord fait chier. Puis ça m'a piqué. Alors je me suis obstiné.

Ces histoires m'entrainaient hors de moi, sur le chemin de la pensée. Elles nécessitaient un boulot à côté, en amont ou en aval. Un jour, j'ai commencé à aimer ce qui m'arrivait.

L'art m'a fait basculer dans un monde jusqu'alors inconnu. Un monde où le chaos est envisageable. Un monde où le personnage principal n'appelle pas une interprétation univoque. Edgar Morin dirait: un monde *complexe*. Avec le temps, il ne m'est resté que ça, un appétit pour les récits obliques.

> L'art est une pratique du doute, un jaillissement d'incertitudes et de fragilités. Il invente des liens inédits, secoue les fondations de la réalité et crée ainsi la possibilité de la percevoir autrement.
> HÉLÈNE DORION

L'art désarçonne.

Le divertissement n'est pas incompatible avec l'art. Certains cinéastes nous divertissent tout en inventant une esthétique du récit. Mais l'art n'est pas le divertissement, il n'est pas cette façon de nous faire oublier nos vies. Tout le contraire. J'ai par exemple un faible pour les films de Paolo Sorrentino (*This Must Be the Place*, *La Grande Bellezza* et *Youth*) ou de Spike Jonze (*Being John Malkovich*, *Her*), pour les films-énigmes où les personnages ont le don d'ubiquité comme dans *Possible Worlds* de Robert Lepage et *12 Monkeys* de Terry Gilliam, ou encore pour les polars internationaux comme *The Constant Gardener* de Fernando Meirelles et *The International* de Tom Tykwer.

L'art est une manière de nous remettre en jeu.
L'art nous force à nous repositionner (sur notre chaise ou dans le monde).
L'art est une Antigone qui conteste des choses à l'intérieur de nous.

*

À Québec, il y avait bien sûr Robert Lepage, qui était comme un delta inversé, acheminant toutes les rivières du monde vers nous. Son existence même était providentielle, dans une ville où tout était obsessivement normal et homogène et symétrique. Déjà, dans les années 1980, Robert ouvrait la voie vers le Québec du 21e siècle : multiple, complexe, métissé, ouvert, singulier.

Il a choisi de vivre et de travailler dans le patelin qui l'a vu naitre malgré sa carrière interstellaire; il a fait venir le monde entier dans notre ville provinciale, plutôt que de se contenter de l'inverse. Il a voulu exploser Québec. On lui doit beaucoup.

On peut se plaindre de la petitesse du monde, on peut enrager, même. Mais si, comme le dit Victor Hugo, « aimer c'est agir », il est de notre responsabilité d'œuvrer pour contrer l'étroitesse qui nous entoure.

Robert Lepage est assurément le père de milliers d'artistes au Québec. Il nous a fait devenir Japonais, une fois. Et puis Danois. Et puis Anglais. Il nous a fait devenir Jean Cocteau et Miles Davis. Il nous a permis de sortir de nous, œuvre après œuvre. Il m'a personnellement rendu extrêmement curieux du monde. Je me dis aujourd'hui que le métier de cinéaste documentaire—cette discipline qui consiste à marcher-dans-les-souliers-des-autres-rien-que-pour-voir—est la déclinaison naturelle d'un appétit sans fin pour l'altérité, pour ce qui m'est étranger.

L'art permet d'accéder à l'autre, à tous les autres.
Et comme un boomerang,
l'art mène forcément à la fulgurante construction de soi.

hembygd

Pour paver le monde de beauté

Les peuples ont besoin de beauté avant toute chose.
—Romain Gary

JE SUIS HEURTÉ par la laideur du Québec.

Je parle de notre monde automobile, des Tim Hortons, des grandes surfaces en tôle ondulée. Je parle de ces engins de guerre, les F150 et les F350 avec des roues doubles en arrière. Partout, dans nos villes, nos banlieues; inutiles et vulgaires.

Je parle de ce jour où je tape «Vieux-Longueuil» dans mon application GPS et qu'elle me mène à un carrefour où il y a des centres d'achats aux quatre coins de rue.

Je parle des ostis de tatas qui jettent encore leurs déchets par la fenêtre sur l'autoroute. Je parle des quartiers de maisons sans intérêt culturel ni architectural qu'on affuble de colonnades en toc pour faire comme à Beverly Hills. Je parle de toutes ces banlieues en croissance infinie. Je parle de notre ambition de participer au monde yankee au même titre que les habitants de la Saskatchewan ou du Delaware.

Je parle de notre manière d'occuper le pays sans le fréquenter pour vrai. De notre obsession des grilles couts-bénéfices, de nos projets pétroliers, de nos projets industriels sans fin, de nos projets miniers sans fond.

Nous faisons souvent le choix de la destruction.

Je parle du bord du fleuve et de toute cette beauté originelle que nous n'avons pas commencé à voir. Nous avons le pas lourd.

Qui est heureux sur ces boulevards hideux où il est difficile de tenir une conversation sans se crier par la tête ? Qui a voulu ces territoires traversés d'artères inhospitalières et sans trottoirs ? Serions-nous en train d'assister à l'effondrement de la beauté en laissant l'*homme-pickup*—celui que Dan Bigras personnifie dans la célèbre pub « Le courage, la légende, RAM ! »—présider à l'urbanisme du monde ? En vertu d'une certaine conception de la richesse, aurions-nous créé un cadre de vie pauvre ?

*

Je croise tous les jours des tas de gens qui sont préoccupés par la propreté de leur voiture. Tant de gens plus intéressés par l'arrivée de nouveaux modèles que par celle de nouveaux voisins. Trop de gens capables de nommer les marques, les années, mais parfaitement ignorants du nom des arbres, des fleurs et des oiseaux de leur pays.

Ça me rend fou, la nuit.

Je me réveille parfois avec une angoisse au ventre. Diffuse, non dirigée vers un enjeu en particulier. Une angoisse générale. Le système et sa régularité, tous ces gens qui accourent au boulot sans jamais faiblir. Je sais que je ne suis pas seul à fréquenter ces lieux-là quand il fait noir.

Dans mes cauchemars, je me vois d'en haut, coincé dans un embouteillage monstre comme il y en a désormais dans toutes les villes du monde. Tout petit au milieu de la horde, dans un océan de béton, de plastique et de fer.

De jour, pour me calmer, je me réfugie dans un livre ou au musée, où je me trouve probablement parmi d'autres abimés.

C'est la guerre que nous menons, n'est-ce pas ?
Contre le règne vivant.
Contre la beauté.

> Aussi longtemps que nous ne pourrons pas supporter le silence terrifiant des espaces infinis, nous emplirons cette planète de bruit et de fureur.
> YVON RIVARD

Je pense que nous ne sommes pas à la hauteur de la beauté du pays que nous habitons. Je suis *flabbergasté* par notre inaptitude à faire corps avec lui, harmonieusement. Contrairement aux peuples qui étaient là avant l'arrivée des Européens, nous entretenons avec notre territoire un rapport abstrait.

L'art plaide pour qu'un peu de la sagesse des Anciens infuse nos cerveaux de modernes.

Notre impassibilité devant la destruction de notre patrimoine me frappe. Je pense à la démolition de la maison du patriote Boileau (1820) par deux pelles mécaniques à Chambly, en 2018. Je pense à la destruction, en septembre 2019, de la maison Pasquier (v. 1700) à Québec, une des plus vieilles habitations au Canada. Je pense à notre silence tout au long de l'effondrement, sur plusieurs décennies, du moulin du Petit-Sault (1823) à L'Isle-Verte, l'un des derniers moulins à eau du Québec.

Qui défendra l'idée que nos maisons synthétiques, nos maisons en toc sont plus belles, plus équilibrées que ces maisons de bois et ces maisons de pierre suspendues sur les coteaux du fleuve, entre Montréal et Rimouski, depuis le 17e, le 18e et le 19e siècles ?

Cela dit, j'ai eu l'occasion de faire le tour du monde quelques fois dans ma vie et je continue de mesurer notre chance, de penser que nous vivons au milieu d'un formidable gisement de beauté. Je vois nos bons coups aussi: North Hatley, Knowlton, Saint-Michel-de-Bellechasse, Saint-Jean-Port-Joli, Kamouraska, Notre-Dame-du-Portage, Métis-sur-Mer, Saint-Joseph-de-la-Rive, Sainte-Pétronille, Deschambault, etc.

Tous ces villages sont une forme de l'art.

*

Je passe les étés avec mon amoureuse et les enfants sur une ile bénie de l'estuaire du Saint-Laurent, que nous appelons la maison. C'est notre sanctuaire. J'y navigue (en kayak, en voilier, en zodiac) depuis que j'ai 15 ans. Dès que j'ai posé le pied sur l'ile Verte, il y a longtemps, je me suis dit: ce lieu-là, c'est chez nous. Il m'a semblé que je venais d'ici.

Nulle part ailleurs dans le monde je ne me sens chez moi à ce point. C'est la géographie de ma complétude. Posté face au bouclier, dans les bleus francs du matin, soulé par les odeurs salées de l'estuaire. Je connais intimement cet écosystème.

Nulle part ailleurs je ne me sens aussi Québécois. Comme en parfaite adéquation. Tout commence *icitte*, à l'ile. Et tout s'explique. Les Suédois ont un mot pour dire ce lieu-là: *hembygd*. À ma connaissance, il n'existe pas dans la langue française—mais il me semble qu'il manque à notre arsenal. On devrait s'en gosser un.

Peut-être que cet amour est la chose la plus conséquente que j'aie transmise à mes enfants. Depuis qu'ils ont quatre ou cinq ans, ils savent tous les deux différencier le souffle d'un petit rorqual de celui d'un béluga, à plusieurs milles marins à la ronde.

> Le paysage est pour moi la métaphore de notre monde intérieur, du passage des saisons que traversent nos vies. La nature nous restitue en quelque sorte le sens du sacré qui échappe à nos existences matérialistes, vouées le plus souvent au quotidien. Elle raconte donc notre lien à la beauté, lien nourricier, fondateur de ce que nous sommes.
> HÉLÈNE DORION

Or, au printemps, lorsque les glaces se retirent et que nous arrivons à traverser vers l'ile, une pénible corvée nous attend. Chacun de notre bord, nous partons sur la batture avec de grands sacs-poubelles et couvrons quelques centaines de mètres de chaque côté de notre terre. Après une heure ou deux, nous revenons invariablement à la maison chargés de détritus.

Les grandes marées laissent chaque année des tonnes de plastique sur les côtes du Saint-Laurent. Des échantillons de toutes les couleurs, de tous les formats, de toutes les provenances. Une diarrhée ininterrompue de plastique qui finira dans le ventre des bars rayés, des morues, des flétans, des éperlans, des capelans, des phoques annelés, des grands hérons et des bihoreaux, des macareux moines, des aigles pêcheurs et des fous de Bassan, qui remontent de plus en plus souvent de Bonaventure, des bélugas, des marsouins, des rorquals communs et des baleines à bosse.

Cadeau de notre espèce aux autres espèces, cadeau de la « civilisation » des hommes au règne vivant.

> La mer s'est petit à petit trouvée dépeuplée parce que l'humain a cessé de l'aimer. Un océan sans amour devient une informe étendue d'eau de plus en plus sale et brune dans laquelle

> on finit par trouver légitime de jeter des milliards de tonnes de plastique.
> JEAN DÉSY

Au début, je disais à mes enfants que c'étaient des gens, en amont de nous, qui avaient échappé—par accident—ce morceau de plastique dans le fleuve; cette chaudière à ciment; cet applicateur à tampon; cette canisse d'huile à moteur; cette sempiternelle bouteille d'eau; ce sac de Walmart. Mais au fil des ans, je pense qu'ils en sont tous les deux secrètement venus à la conclusion que leur papa était ridicule; ça ne pouvait pas être un «accident» chaque fois.

Cette marche annuelle provoque en moi une indignation sans bon sens. Et je sais bien que ce n'est que la pointe de l'iceberg. À la limite, ces déchets visibles à l'œil nu n'ont que très peu d'impact sur l'état général des écosystèmes comparé à celui de l'industrie des hydrocarbures, par exemple. Mais ce lien annuel forcé avec mes semblables de l'amont a quelque chose de très concret qui fait image, qui dit beaucoup de choses sur nous. Et ces choses me laissent pantois.

Triste.
Affligé.
Interloqué.
En furie.

L'art est un appel à la cohérence.

Pas que j'y cherche nécessairement une beauté purement esthétique. Plutôt un esprit de communauté et le sentiment de ne pas être seul au monde. Dostoïevski ne parlait pas de la beauté des petites fleurs quand il écrivait: «La beauté sauvera le monde.» Il parlait de sens.

> L'art invite à veiller sur notre humanité, à préserver notre lucidité, à demander à ce monde ce qu'il deviendra—et ce que nous deviendrons—si nous persistons à avancer sur un chemin qui, à bien des égards, rompt le pacte avec ce que nous sommes. L'art crée un autre monde pour que celui-ci demeure habitable, un monde qui protège la mémoire et l'espérance.
> HÉLÈNE DORION

L'art est un phare, un feu sur la côte pour nous guider.

*

Dans *Le lambeau*, le journaliste Philippe Lançon fait le récit minutieux des heures qui ont précédé l'attentat dans les bureaux de *Charlie Hebdo*, le 7 janvier 2015, et puis des semaines et des mois passés dans toutes les unités de l'hôpital à se reconstruire le corps et l'âme.

On le sait, Lançon a perdu une partie de ses compagnons et collègues, il a lui-même reçu une balle en plein visage, mais y a miraculeusement survécu. Il a vu l'horreur de très près.

Comment se rebâtir l'espérance après ça?

La question vaut pour beaucoup de gens. En avançant dans la vie—c'est normal, c'est mathématique—on sait de plus en plus d'affaires, on apprend de plus en plus de nouvelles tristes, on accumule les déceptions dans notre besace. Comment garder, au fond de soi, une forme de foi?

Lançon, cloué au lit, décide de retourner à des œuvres fondatrices, souvent descriptives, lentes. Grand lecteur, il choisit parmis celles qui décortiquent l'âme humaine, «pour se guérir et s'inspirer», dit-il. Pour tenter de comprendre de nouvelles choses à propos de l'humain, aussi, probablement. Des choses qui lui auraient échappé jusqu'alors. Il lit et relit certains passages de *La métamorphose* de Franz Kafka, d'*À la recherche du temps perdu* de Marcel Proust, de *La montagne magique* de Thomas Mann, comme des mantras.

Il me semble que je comprends ce qu'il fait, le réflexe qu'il a dans ce moment d'apesanteur. Je pense qu'il cherche ce qui, dans l'ordinaire des hommes, structure le sens de notre présence au monde.

Il cherche un garde-corps.

Il cherche des artéfacts de bonté, de beauté, de bienveillance dans ses archives. Il cherche des balises pour sécuriser sa route dans le brouillard de notre époque. Lançon repasse les *Variations Goldberg* au peigne fin (et beaucoup de Bach). Il puise à même le gisement précieux. Et lorsqu'il parvient enfin à se remettre sur pied, il va tout de suite au musée, avant même de retourner sur le coin de rue du 11e arrondissement où l'attentat a eu lieu.

L'art est une bouée au moins aussi valable que les anxiolytiques.

Lançon médite durant des heures devant ces œuvres complexes. Pendant que les plasticiens lui refont un visage, il se reconstruit l'en dedans, en suivant les marques d'artistes au faite de leur génie. Il cherche l'origine de l'émerveillement d'autrefois; un fondement, au-delà des discours simplistes ou des débats sociaux périphériques. Lançon repart des arts pour reconstruire sa grille sensible et trouver des assises éthiques qui lui permettront de vivre encore dans le monde.

Un jour où les esprits s'échauffent dans sa chambre et où l'un des invités esquisse un raisonnement sur l'islam et les musulmans, il demande à ce qu'on l'expulse tout de suite. Il n'est pas question pour lui de capoter sur ce chemin-là.

L'art est un espace pour refonder la beauté du monde à l'intérieur de soi.

Du «*Miserere mei*» de Gregorio Allegri
    à la «*Chaconne*» de Bach;
du *Murale* de Mahmoud Darwich
    au «Compagnon des Amériques» et à «Avec toi»
    de Gaston Miron;
du «Nataq» de Richard Desjardins
    au «Tour de l'île» de Félix, qui est une cathédrale.

L'art permet de se reconnaitre dans l'autre qui souffre.

*

C'est curieux pour qui en a fait son métier, mais j'oublie souvent l'histoire des films. Je me souviens plutôt de leur «esprit» et de leur degré de vérité, des couleurs, de la musique ou bien de l'intensité d'un geste.

J'avais complètement oublié le scénario du *Violon rouge* de François Girard lorsque je l'ai regardé à nouveau ce printemps. Tout, sauf un détail. Il y a un découpage magnifique dans la deuxième trame, celle du petit violoniste virtuose Kaspar Weiss que maitre Poussin découvre dans un orphelinat de la campagne autrichienne. Lorsqu'il demande à Kaspar de jouer pour lui, le maitre détourne tout de suite le regard pour contempler les Alpes par la fenêtre.

Et l'enfant joue. Et l'enfant a un doigté prodigieux. Maitre Poussin, qui entend des musiciens à cœur de jour, le comprend aussitôt. Il se retourne pour voir le jeune surdoué, cet élu en quelque sorte. Il le fixe un court instant, avec stupéfaction et étonnement, puis retourne à la montagne, là-bas, dehors. Le cadreur a entretemps changé de lentille pour une très longue focale. On voit maintenant le détail d'un sommet scintillant, en contrechamp.

Et la neige, là-haut, balayée de la cime par le vent.

Cet amalgame entre la plus pure beauté née du génie humain et la beauté sauvage scelle à mon avis une idée qui tient de la philosophie. Je n'ai jamais oublié ce champ/contrechamp magnifique et chargé de sens qui m'avait déjà beaucoup touché à l'époque où j'avais vu ce film pour la première fois.

*

Véronique Côté raconte comment elle est entrée un jour dans la Sagrada Família, la fameuse cathédrale de Gaudí, à Barcelone.

« Cet architecte fou avait décidé de tout apprendre de la nature, de copier ses systèmes, ses paraboles et ses hélices, pour ériger ses miracles de pierre tout en courbes, ses hommages géniaux au Vivant, organiques, géométriques, dynamiques. Aimants. Lorsque j'ai compris devant une maquette que sa Sainte Famille est comme un effondrement, mais vers le ciel… mon cerveau a explosé. J'ai eu envie de m'agenouiller devant les fulgurances de l'esprit humain. Ainsi, nous sommes capables du pire, mais aussi de prendre tout ce qui nous tire vers le bas et d'en faire une ruine inversée. Un surgissement. Comme le contraire d'une catastrophe. Se pourrait-il donc qu'on ait en ce moment une cathédrale sous les yeux, mais qu'on ne comprenne juste pas encore comment la faire apparaitre par notre regard ? »

L'art est une tentative d'égaler la beauté du monde.

Des mille tableaux d'hiver de Jean-Paul Lemieux à «*Wild is the Wind*» de Nina Simone; du *Chant général* de Pablo Neruda au *Temps des gitans* d'Emir Kusturica et au *Monde inventaire* d'Antoine Dumas; de «La plus belle des maisons» de Pierre Lapointe à «La nuit je mens» d'Alain Bashung; de «*Solo le pido a dios*» de Mercedes Sosa à «Et tu penses que je veux» d'Antoine Corriveau, tous les artistes ambitionnent de reproduire le génie et la complexité des océans.

L'art permet de révéler des cathédrales jusqu'alors invisibles.
L'art est un geste de légitime défense, une riposte à la laideur.

À quoi rêverons-nous quand les bélugas du Saint-Laurent auront disparu?

and i'll dance with you in Vienna
i'll be wearing a river's disguise

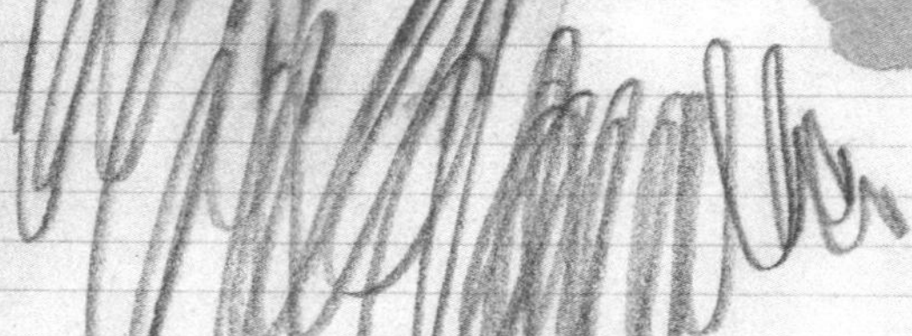

Pour retrouver le sens du sacré

à travers tous les êtres s'étend l'unique espace
l'espace interne du monde
les oiseaux volent en silence à travers nous
—Rainer Maria Rilke

L'IDÉE DE CONFÉRER à la batterie d'historiettes d'un seul livre —la Bible, la Torah ou le Coran, par exemple—une vérité toute-puissante qui prétendrait déchiffrer définitivement le sens de nos vies me semble ennuyeuse. J'aime beaucoup Jacques Poulin, Russell Banks et Victor Hugo, mais je ne confierais à aucun livre le projet de contenir le monde au complet.

En revanche, l'idée d'un être ubiquiste qui aurait créé la Terre et le régenterait d'en haut demeure une bonne histoire (comme les contes de djinns de Salman Rushdie sont bons, mettons). On ne peut pas laisser à la religion le monopole du mystère.

Je pense que les artistes—et leurs œuvres en particulier—agissent souvent comme des intermédiaires entre nous et le «Grand-je-ne-sais-quoi», pour reprendre la jolie formule de Louis Gauthier.

À force de contacts avec des peuples qui valorisent une vie intérieure riche—comme les Tibétains, les Cris, les Malécites, les Innus, les Kazakhs, les Mongoles, les Dinkas du Soudan, les Lapons—j'ai souvent eu l'impression que je provenais d'un pays pauvre sur ce plan-là.

Ce dont je parle ici n'a bien sûr rien à voir avec la religion, mais plutôt avec cette aptitude à plonger en soi, comme à l'intérieur du monde. Hannah Arendt a écrit quelque part que pour favoriser une vie équilibrée—et donc, éventuellement, une société équilibrée—il faut parvenir à partager son temps entre quatre piliers: la vie amicale et familiale, la vie productive, la vie politique et la vie spirituelle.

La vie productive, c'est-à-dire le travail, occupe beaucoup trop de place dans la vie de la plupart des adultes que je connais pour que notre monde, et nos vies, soient harmonieux. Je ne veux pas faire de la sociologie à trois sous, mais il me parait clair qu'en évacuant l'Église catholique de leur vie, les Québécois ont en même temps banni toute forme de quête intérieure.

Et là-dessus, je n'ai aucun doute. En fin de compte, j'ai hérité d'une carence, d'un manque. Je suis l'enfant de mon époque.

Ce sont les œuvres qui m'ont mené vers l'intériorité. Sans les arts, je serais un analphabète de l'âme; je ne comprendrais pas d'où je viens ni où je vais, et j'aurais forcément une peur bleue de vieillir et de mourir.

> Moi qui suis pourtant impie, je ne croyais pas qu'une œuvre d'art pouvait avoir une portée aussi profonde.
> MARC SÉGUIN

L'œuvre des impressionnistes français ou bien celle de Jean-Michel Basquiat; les livres de Pierre Morency ou bien ceux de Sylvain Tesson; les romans de Robert Lalonde ou d'Arundhati Roy; les compositions de Johannes Brahms ou de John Coltrane; le cinéma d'Abbas Kiarostami comme celui de Hayao Miyazaki plaident tous en faveur d'une vie intérieure réussie, d'une existence qui n'a rien à voir avec les objets dont on s'entoure ou ce que l'on est prêt à faire pour s'en entourer.

Le dramaturge Philippe Ducros explique comment il est tombé sur une expo de Riopelle au milieu de son adolescence.

«Au début, je n'aime rien de ce que je vois, jusqu'à ce triptyque, dans une salle près de la fin. Des formes blanches, violentes, massives me traversent, sur un fond noir où je peux plonger, où je veux plonger, un noir proche du néant. Je sens le souffle, le vent dans l'immensité. Le tableau explose du mur devant mes yeux. Il s'incarne et me percute. Une chose me traverse le corps. Riopelle ouvre une porte. Dès lors, ce que je vois n'est plus abstrait. Ou plutôt, il me semble soudainement que l'abstraction donne un sens au monde, une force. Puis, je reviens au début de l'exposition et tout a changé. Je comprends maintenant ce que je vois; le geste de Riopelle, le tranchant de sa spatule, sa fulgurance, sa rage, sa force. Sa grâce, aussi. Riopelle m'a fait accepter l'abstraction pour toujours. Et ça m'a aidé à lire la vie, à passer à travers la violence de mon adolescence quand la mort me léchait le cou, quand la vie devenait trop abstraite, quand la ville partout, plate, quadrillée, autiste me donnait le vertige. L'art permet de trouver une clé à l'abstraction de la vie.»

Les épiphanies—ce déclic à mi-chemin entre l'intelligence, l'intuition et le cœur—ont rendu beaucoup de choses possibles dans l'histoire humaine, beaucoup d'avancées, de découvertes et de renversements. Quand j'ai tourné *Le théâtre des opérations* en 2015, la muraliste et militante californienne pour les droits de la personne Favianna Rodriguez m'a dit: «L'art crée un moment "d'ouverture". Et c'est au moment de cette ouverture que tout peut chavirer.» Comme si, à ce moment, un contact occulte était établi entre nous et le monde extérieur; une sorte de chenal nous reliant au fond des âges, à nos rêves les plus anciens comme à notre descendance encore inconnue.

L'art est l'occasion d'une soudaine clarté, d'une profondeur entre nous.

*

En entrant dans la première salle de la grande exposition consacrée à Leonard Cohen au Musée d'art contemporain de Montréal, *Une brèche en toute chose*, à l'automne 2017, on se trouvait tout de suite devant lui, sur scène aux quatre coins du monde et à plusieurs moments de sa vie. L'effet était saisissant. Il faut dire que sa voix—et particulièrement celle de la fin—suffit pour nous élever instantanément.

En hébreu, *cohen* veut dire *dédié*. Dans l'Antiquité, les *cohen* assuraient le culte au temple. Leonard Cohen est un messager de l'indicible. Tout de suite émus jusqu'à l'os, mon amoureuse et moi avons été secoués de sensations physiques. Ce qui lui a fait dire qu'avant d'être reçu et compris par l'intellect, l'art se ressent et se comprend par le corps.

Je pense que ma fiancée—qui est peintre—a raison : l'art véritable frappe d'abord sensuellement. Lorsqu'il est plein, l'art provoque une décharge puissante, il libère dans le sang une substance qui circule et provoque des vagues. Contrairement à ce que l'Église catholique professait, le corps serait-il un des canaux du sacré ?

> L'art permet d'être percuté par des œuvres qui ouvrent un chemin dans notre corps, notre âme.
> BRIGITTE HAENTJENS

À mon avis, ce qu'on appelle « émotion », cette réaction qui nous envahit et nous submerge, est une chose précieuse. Il faut la manipuler avec grand soin. Elle importe. Elle change tout.

Cohen mélangeait ouvertement son rapport au sacré et à la création. La pièce «*Hallelujah*» fait cela sans détour. Lorsqu'il écrit «*But you don't care for music, do you?*», je comprends: «Tu n'accordes pas d'importance à ce qui est sacré dans ta vie, pas vrai?» Ou bien: «Tu as oublié ce qui est le cœur de la vie, pas vrai?»

Cohen s'est intéressé au judaïsme autant qu'au bouddhisme zen. D'une façon décontractée, je crois qu'il était le ministre d'un culte inventé mais réel. Et je pense qu'il cherchait délibérément à faire le pont entre les détails de nos existences terrestres et l'au-delà. Aux prises avec une maladie mentale assez commune chez les artistes, la dépression chronique, il semble qu'il ait vécu une partie de sa vie sur la ligne fine entre les exigences du quotidien et un abandon total à son intuition.

Sur son dernier disque enregistré prostré, un pied en studio et un autre dans la mort, il chante: «*I am ready my lord!*» Deux semaines après la parution de ce disque-gisement, il n'arrivait peut-être plus à se tenir debout, mais il cherchait encore et toujours à matérialiser cet amalgame entre le terrestre et le céleste.

Comme Yehudi Menuhin, Pauline Julien et Frida Kahlo, comme Lars von Trier, Marina Abramović, Gilles Vigneault et Ariane Mnouchkine, comme Jean-Paul Riopelle et Antoni Gaudí, Leonard Cohen est un mage; il conduit des rituels qui mènent à l'illumination.

Les artistes sont des chamanes.

Mes enfants ont l'habitude de nous voir cuisiner, mon amoureuse et moi, avec la musique à tue-tête. Quand nous faisons jouer «*Take this Waltz*» pour la 1001[e] fois et chantons et dansons la valse avec eux, nous ne sommes plus uniquement dans notre maison de pierre posée au milieu de ce village au bord du fleuve.

Nous sommes à Londres, le 17 juillet 2008, avec Leonard et ses extraordinaires musiciens, dont les «*sublime Webb sisters*».

Et notre bâtiment voyage. Le temps comme les frontières sont abolis. Mon grand-père pianiste s'incarne dans le souffle de mes enfants, et Leonard Cohen chante à travers nous de mère en filles dans une suite ininterrompue. Nous nous laissons tous emporter par le courant-jet des mystères sans fin.

Reconnaissants,
agenouillés,
recueillis
et amoureux.

*

«Alors qu'est-ce qui est sacré, papa?» me demande mon fils, Colin, 15 ans, alors que nous sommes sur la route entre Montréal et le Bas-du-Fleuve, comme souvent.

Déstabilisé, je baragouine une réponse sans queue ni tête. Autour des forêts, du fleuve, du règne vivant en général, des amis et des amours, de nos semblables, d'une énigme et de la suite du monde.

Je repense aussi à un *show* de Patrick Watson sous le viaduc du Mile End par un soir d'été humide, il y a une couple d'années. Patrick est le petit-fils cosmique de Leonard Cohen, sa suite logique; lui aussi sait converser avec le «Grand-je-ne-sais-quoi».

Nous étions quelques centaines. Il avait plu durant l'après-midi. Il y avait des *food trucks*, il y avait de la bière et des lumières suspendues; rien de très sophistiqué. Mais on reconnaissait des amis, des voisins, l'échelle était humaine, nous avions ce sentiment d'être entre nous.

> L'art a de tout temps été une façon de se retrouver entre humains sur le même diapason du ventre, dans une commune intelligence de l'âme.
> CATHERINE DORION

Patrick chantait « *Words in the Fire* » lorsque tout a subitement été parfait. Nous avions tous choisi d'être là et de nous adonner à une sorte de messe païenne. Tout le monde semblait connaitre les paroles. Nous étions libres et ensemble, parfaitement conscients, en cet instant, de la porosité entre nous et le reste du monde.

Nous avons fait corps, ce soir-là.

Put your words into the fire
Watch them burn your heart's desire
Rise up in the air
In a cloud of silk and smoke and dust
Fade into the night.

Souriants, synchrones, nous avons retrouvé ce qui était perdu ou enfoui à l'intérieur de nous—et qui meurt à petit feu si on ne s'astreint pas à l'occasion à un recueillement silencieux.

Et je jure que nos pieds ont quitté le sol vers la fin de la toune. Je pense que nous avons tous remarqué. Nous avons retrouvé durant ces minutes furtives une sorte de foi qui allait nous porter dans nos vies respectives pour quelque temps au moins.

Je passe les journées suivantes avec une clarté d'esprit à propos de la vie, des gens que j'aime, du sens des choses et des priorités. Tout m'apparait limpide : ce qui est beau, ce qui est vrai, ce qui est juste.

L'art est un canal de discussion avec la magie interne du monde.

Avec ce qui nous précède.

Avec ce qui nous contient.

L'art agit sur des terrains que la raison peine à déchiffrer.

L'art permet cette connexion au-delà du terrestre, sans que Dieu intervienne jamais.

Freud a parlé du *sentiment océanique*. Je crois que c'est exactement de ça qu'il parlait; une conscience totale et apaisée du tout.

L'art nous réunit en un lieu réel.

Puis l'art nous unit en un lieu de l'esprit.

Il m'arrive parfois de ne plus savoir comment communiquer avec ma fille chérie, Alphée, atteinte d'un syndrome rare qui lui confisque une partie de ses capacités intellectuelles. Alors souvent, nous écoutons ensemble les sœurs Boulay, les Hay Babies, les Los Ángeles Azules, Lisa LeBlanc, Maggie Savoie ou la trame sonore du film qu'elle aime tant, *Les choristes*. Elle connait le disque par cœur et chante très juste les voix les plus hautes.

Sur notre tapis volant lancé entre Montréal et le Bas-du-Fleuve, nous chantons à plein poumon. Plus c'est fort, plus on s'éclate. On enchaine «*Néguac and Back*», «Aujourd'hui, ma vie c'est d'la marde», «Fais-moi un show de boucane», «Voyageur» et «*El listón de tu pelo*». Et la vie s'allège de deux crans.

L'art est une langue inventée pour que tout le monde se comprenne.

C'est ce que j'aurais dû répondre à Colin, au fond: suis le chemin des artistes—d'une grande diversité d'artistes—et tu arriveras à ce qui est sacré.

*

J'aime bien dire à voix haute que je ne crois pas en Dieu, mais ça me met souvent dans le pétrin. Je me retrouve à devoir me justifier et aussi à admettre que je crois néanmoins à l'expression d'une *force* que je reconnais et dont j'ai envie de témoigner.

Spinoza pensait que Dieu *était* la nature. Don Quichotte a dit du soleil qu'il était le patron de tous les cycles, le père de la poésie et l'inventeur de la musique. Cervantès voyait un lien de cause à effet entre le soleil et l'art. Entre la création et la création. Je suis bien d'accord.

J'éprouve des sentiments semblables—d'euphorie ou de parfaite adéquation—devant la beauté sauvage comme devant certaines œuvres. Pour moi, ces deux choses sont consanguines. De tout temps, les artistes se sont échinés à décoder cette parenté, ou le chemin qui mène de l'une à l'autre.

Ils se sont agenouillés sur des toiles, des scènes, des écrans, des pages et des places publiques, pour dire merci. Merci pour le soleil—le soleil est sacré. Merci pour la lune, pour les oiseaux migrateurs dans le ciel de Rivière-au-Tonnerre, pour les grandes marées à l'ile Verte, pour les fleurs sauvages. Merci pour le saumon dans la fosse. Merci pour les chanterelles sous la robe de l'épinette bleue. Merci, Seigneur (comme dirait l'autre), pour la batture et ses odeurs. Ces lieux où nous vivons des jours heureux sont notre temple.

L'art est une forme de la prière, une liturgie.
L'art est une célébration du hasard qui nous fait et de tout ce qui nous échappe encore dans la boucle sans fin entre le règne vivant et nous.

Il ouvre sur une dimension à l'intérieur de nous qui n'est rien d'autre que le monde, et je pense qu'il est indispensable, pour réussir notre vie, d'arpenter cette dimension. Miron a appelé ça «le territoire de notre poésie».

> J'ai très souvent pensé que mon activité sur Terre était guidée par des forces qui outrepassent mon existence consciente et réfléchie. Je crois que c'est dans l'inconscient que s'est déroulée la majeure partie de ma vie. C'est dans ce même inconscient qu'elle se terminera. C'est d'ailleurs pourquoi j'ai cherché et je cherche encore des explications à cette force en moi qui diffère passablement de mes capacités logiques et conceptuelles, force qui vit bel et bien, issue de la vie elle-même et de la nature qui me porte, dont je suis fait et dont je puis, à l'occasion, être le porte-parole, particulièrement grâce à l'acte poétique.
> JEAN DÉSY

Lorsqu'on n'a pas d'Église, on en vient rapidement aux intuitions et aux sentiments. C'est pourquoi les musiciens imitent les oiseaux, les rivières, le silence des montagnes. Bach a consacré toute son œuvre à ce qu'il appelait Dieu, comme de nombreux peintres dédient leur vie à traduire l'effet de la lumière du soleil sur le village d'en face. Les romanciers, eux, tentent de nommer l'énergie atomique du désir amoureux avec suffisamment de précision pour qu'on puisse le ressentir dans notre chair. De tout temps, les poètes ont articulé notre mystification devant l'insondable beauté du monde.

Le cinéaste Bernard Émond a écrit quelque part que les artistes sont, par essence, des croyants. Des gens d'une certaine foi.

L'art est une discipline qui consiste à se soumettre à son intuition comme à l'expression d'une puissance.

L'art est une cérémonie nécessaire, un vaisseau pour transcender nos existences.
L'art est un sanctuaire, une occasion de rapailler les ficelles de nos vies tumultueuses en un canevas cohérent.

S'il n'était qu'une sorte de rituel pour retrouver l'espérance, cela suffirait à le justifier.

avec intuition
avec amour

Pour nous mener sur le chemin de la pensée

Faire circuler la pensée, c'est s'éloigner de la barbarie.
—Stanislas Nordey

VOUS EST-IL DÉJÀ ARRIVÉ d'être coincé à une tablée prise en otage par un invité qui pérorait bruyamment, campé dans une position absurde, voire indéfendable, et exprimant des certitudes grossières en étalant son ignorance ou son conservatisme ennuyeux ?

Je dis *tablée*, je pourrais dire *parlement*, ou bien *société*. Peu de choses m'agacent autant que ces soirées *hijackées* par un ignare (je dis *un*, ce personnage étant très rarement une femme). Alors, je me mets à rêver d'un superhéros qui viendrait retourner l'imbécile comme une crêpe avec les mots qu'il faut pour nous libérer de la sottise.

Il me semble que c'est exactement ce que font des artistes comme Olivier Kemeid, Mani Soleymanlou, Rébecca Deraspe, Frédéric Blanchette, Anne-Marie Olivier, Évelyne de la Chenelière, Alexis Martin, Annabel Soutar, Fanny Britt ou Olivier Choinière dans le Québec contemporain, pour nommer un bataillon de gens dont foisonne le théâtre québécois en 2019, c'est-à-dire retourner la pauvreté d'esprit comme une crêpe, œuvre après œuvre. Ces créateurs nous accompagnent et nous éclairent dans nos interrogations et nos tâtonnements de modernes.

> L’art est un clou sur lequel on doit frapper jusqu’à pas de fin.
> MARC SÉGUIN

L’art est une quête perpétuelle; il contrecarre l’immobilisme.

> L’art est une question qui se retourne sans cesse contre elle-même, qui nous échappe sauf en de brefs instants, et qui se pose où elle veut, comme un oiseau qui récompense de sa présence un matin ordinaire.
> VÉRONIQUE CÔTÉ

Il permet peut-être de ne pas devenir ce que Renaud appelle joliment «un vieux con». Et je ne parle pas d’âge. De toutes les maladies, c’est assurément celle dont j’ai le plus peur.

*

J’ai un penchant pour les artistes dont l’œuvre a *aussi* une portée intellectuelle: ceux dont le travail charrie un propos qui les rend essentiels à leurs contemporains sans jamais basculer dans l’utilitarisme et l’idéologie. Ils ne contribuent pas seulement à leur art du point de vue esthétique, mais aussi du point de vue de la pensée. Peu d’artistes parviennent à cet équilibre.

Je pense à Romain Gary et à son Morel, dans *Les racines du ciel*, ce personnage complexe et pas toujours simple à aimer. Je pense à Wajdi Mouawad et à *Incendie*, qui est un chef-d’œuvre absolu, tant par sa construction dramatique que par la réflexion qu’il suscite. Je pense aux frères Dardenne (*Rosetta*, *Le fils*, *L’enfant*), dont les œuvres demeureront pertinentes pour toujours, puisqu’elles parlent de nous. De nous tous. Les grandes œuvres parlent toujours d’un nous immémorial dans lequel nous finissons par nous reconnaitre. Je pense à Denys Arcand, qui demeure notre cinéaste dont le propos porte le plus à conséquence, d'*On est au coton* à *Jésus de Montréal*, du *Déclin de l'empire américain* aux *Invasions barbares*.

Je pense évidemment à Pierre Perrault, qui est mon maitre. Ses gestes n'appartenaient qu'à lui. Ils étaient ceux d'un homme libre.

On ne dit pas suffisamment combien le cinéma direct de l'Office national du film du Canada (ONF) des années 1960 et 70, d'abord documentaire puis hybridé avec la fiction, a contribué à la pensée québécoise autant qu'à la cinématographie mondiale.

D'*À tout prendre* de Claude Jutra à *Entre tu et vous*, *Le chat dans le sac* et *24 heures ou plus* de Gilles Groulx, en passant par *Les voitures d'eau* et *Le règne du jour* de Pierre Perrault ou encore par *Les ordres* de Michel Brault, cette veine artistique spécifique au Québec a accompagné notre société dans son émancipation.

L'art est un peuple qui se permet de réfléchir à voix haute.

Comme le théâtre de Michel Tremblay, le cinéma documentaire du Québec a permis d'entendre et d'immortaliser la beauté de notre langue de tous les jours. Puis, il a offert un miroir à notre mouvement d'affirmation politique entre socialisme à l'européenne et individualisme à l'américaine, presque en temps réel.

La société québécoise de l'époque, en ébullition, nourrit les histoires, comme les films nourrissent à leur tour le peuple, qui s'y voit et s'y reconnait. Ce miroir a à la fois permis de revendiquer notre origine paysanne et ouvrière, et de nommer notre appétit pour la modernité. Cela a forcément contribué à forger notre assurance, à décupler notre élan de libération.

Grâce à certaines innovations de leur cru qui simplifiaient le geste de tourner en dehors des studios, chez les gens et dans la rue (la caméra sur l'épaule, un preneur de son indépendant dont le travail est resynchronisé en postproduction, notamment), les cinéastes de l'époque étaient—par choix et par conviction—*avec* le monde. Leurs films matérialisaient inévitablement les idées socialisantes ambiantes au Québec.

Suivant le nouveau réalisme italien et à peu près en même temps que la nouvelle vague française, le cinéma direct québécois dit beaucoup de choses sur la société qui l'enfante, et d'une certaine façon lui dicte la voie.

Les raquetteurs, de Gilles Groulx et Michel Brault, que les historiens identifient souvent comme le *ground zero* de cette tradition cinématographique, contient déjà toutes ces caractéristiques. Le choix du sujet, l'esthétique et le point de vue traduisent des idées nouvelles. Les œuvres importantes incarnent le monde d'une manière inédite. Elles sont un cosmos autonome. Elles révèlent des choses inconnues jusqu'alors parce qu'elles posent le regard avec plus d'acuité. Elles inventent un langage pour nommer le monde à venir.

Ainsi, les grandes années de ce cycle cinématographique, de 1960 à 1980, correspondent presque parfaitement aux grandes années politiques du Québec qui bascule dans sa modernité. *Un pays sans bon sens!* de Pierre Perrault, *Mon oncle Antoine* de Claude Jutra, *Le temps d'une chasse* de Francis Mankiewicz ainsi que *Réjeanne Padovani* et *Gina* de Denys Arcand figurent parmi les films majeurs de cette époque.

Le célèbre chef-d'œuvre *Pour la suite du monde*, de Pierre Perrault et Michel Brault, a été le premier film canadien en compétition officielle à Cannes, en 1963. S'il y a un film qui a contribué à ériger une narration du monde proprement québécoise, c'est bien celui-là. Ce filon précieux est unique. Je le qualifierais d'*espérant* (à commencer par ce titre, le plus beau des titres). C'est un récit doux et bienveillant. Ce film dit et contient le Québec.

Je suis le fils de cette époque. Comme des dizaines de cinéastes québécois, je viens de cette école. C'est mon *alma mater.* J'y ai été formé—bien plus qu'à l'université—en regardant travailler les maitres et en observant leurs manières: Marcel Carrière, Serge Giguère, André Gladu, Bernard Gosselin, Monique Fortier. En écoutant Yolande Simard Perrault, j'ai appris à fréquenter les gens avec un œil de cinéaste. À écouter la parole du monde ordinaire et à y déceler l'extraordinaire.

Le travail de documentariste est un travail de chasseur-cueilleur. Un travail amoureux et patient. Comme le pêcheur, le bon cinéaste documentaire est doté d'intuition; il sait distinguer les bonnes journées des mauvaises pour sortir l'artillerie. Il est à l'aise dans l'imprévu, le hasard, et il sait quelle rivière remonter pour parvenir à la frayère.

Le bon cinéaste documentaire est aussi préoccupé par l'esthétique du récit que par son propos, par la forme que par le fond. Il ne distingue d'ailleurs pas ces deux choses.

Il a au préalable tout lu, tout vu, tout entendu sur son sujet, sur les gens qu'il filme, sur le coin du monde qui l'occupe. Ainsi, il sait d'avance ce que diront ses personnages sur le théâtre des opérations. Il pourra se concentrer sur la mise en scène et prévenir son équipe avant que les évènements ne surviennent. Et à force de présence, les perles s'accumuleront dans les entrailles de la caméra, de la console de son. En salle de montage, il séparera le bon grain de l'ivraie et en fera des colliers. C'est là qu'opère la magie du cinéma du réel, érigeant la vie vraie en mythe.

Les bons films documentaires contribuent à ouvrir cette voie du cœur qui pousse à fabriquer du commun. Et cette construction d'un récit—d'une cinématographie—de film en film transforme la vie comme l'éducation change la vie. Pas du jour au lendemain. Pas de manière mesurable non plus. Mais par percolation.

Comme les autres arts, le cinéma documentaire raconte le monde qu'on se souhaite.

Le philosophe Normand Baillargeon pense que ce qui distingue l'art véritable, c'est son caractère «ascendant», ce que je trouve très beau et très juste. Selon lui, l'œuvre agit à la fois sur notre âme, notre cœur et notre esprit.

L'art contribue à nous élever, sans jamais être l'instrument de la politique, mais, par définition, l'art *est* politique. Parce qu'il agit sur le monde. Avec intuition, avec amour. Et cette différence importe.

> Même l'art le plus conceptuel appelle à l'action.
> OLIVIER CHOINIÈRE

Pour ma part, je ne compte plus les œuvres qui m'ont mis en mouvement dans la vraie vie, c'est-à-dire dans ma vie de citoyen.

L'art est une allégorie qui engage la cité.

*

Après des décennies de coupes dans la production, la création et l'art, l'ONF n'est plus que l'ombre de lui-même. Il ne s'y produit plus que quelques vrais films par année, qui connaissent des sorties souvent confidentielles. Depuis 2017, des cinéastes de partout au Canada travaillent à décrypter son organisation, à coups de demandes d'accès à l'information. Les résultats de cette démarche ont démontré assez clairement combien ce haut lieu de la création cinématographique s'est, avec les années, embarrassé d'une administration lourdaude et couteuse, composée de directeurs avec des titres longs comme ça et de gestionnaires d'on-ne-sait-pas-trop-quoi.

L'ONF est un musée sans conservateur, une école d'art sans historiens ni artistes. L'extraordinaire machine de cinéma documentaire qu'il pourrait encore être est un mirage; deux tiers des 60 et quelques millions de dollars de crédits alloués par Ottawa à l'institution disparaissent désormais dans l'appareil bureaucratique, le marketing et le salaire des gestionnaires.

Le legs de l'Office, soit l'édification d'une cinématographie nationale, s'est perdu. On divise et saupoudre les précieuses ressources selon des chartes qui ont plus à voir avec les mesurettes à la mode qu'avec l'idée d'une construction artistique et intellectuelle. L'ONF n'est plus un lieu de pensée.

> L'art est devenu, malheureusement, une commodité dans les plus grandes démocraties: un fait culturel trop souvent récupéré par le système économique officiel.
> MARC SÉGUIN

On y finance beaucoup par exemple les projets de «jeunes cinéastes», ce qui a l'avantage de faire perpétuellement bonne figure au jeu du marketing lorsque vient la saison des lancements. Il y aura toujours de jeunes gens géniaux—qui foisonnent au Québec, on le sait—pour exploser le cadre miraculeusement, en acceptant de recevoir des salaires horaires très en dessous du seuil minimum. Les jeunes cinéastes qui rêvent de gloire sont une ressource renouvelable à l'infini, et les hauts fonctionnaires l'ont bien compris, eux qui se versent des rémunérations faramineuses; des conditions qui pulvérisent celles des artistes et artisans.

Nous sommes nombreux à revendiquer l'héritage cinématographique des maitres de l'Office. Notre cinéma national contemporain descend directement de la tradition documentaire qu'il a contribué à ériger. Philippe Falardeau, Anaïs Barbeau-Lavalette,

Denis Villeneuve, Philippe Lesage, Benoît Pilon sont tous *d'abord* des cinéastes documentaires. Sans parler de l'influence esthétique de ce genre sur notre style; pensons seulement à *J'ai tué ma mère* et à *Mommy*, de Xavier Dolan, ou à *Chien de garde*, de Sophie Dupuis.

L'ONF pourrait redevenir un territoire d'exploration fécond, un espace de pensée incandescent pour inventer le monde qui vient.

Pour cela, il faudra
l'assiéger,
le prendre,
le libérer.

*

On ne peut pas parler de l'état du cinéma documentaire au Québec et au Canada sans aborder aussi les orientations de la télévision publique. Longtemps, nos télévisions ont été les partenaires du cinéma documentaire québécois. Depuis les années 1960, elles ont permis au grand public de voir nos films.

Or, en 2020, Télé-Québec et Radio-Canada ne diffuseront plus aucun long métrage documentaire sur leurs ondes. Comment avons-nous pu démanteler une programmation si riche il y a seulement 15 ans encore?

La seule raison à cela, ce sont les fameuses cotes d'écoute. Sous l'influence de la logique néolibérale, et de la politique qui y est désormais inféodée, on a décidé d'évaluer la pertinence de la programmation des télévisions publiques à l'aune des rendements, malgré le mandat de ces institutions—qui est de nous éduquer, de nous élever collectivement en nous aidant à décrypter le monde dans lequel on vit.

> L'art est une vaste tentative de fabrication de collectif. C'est sa fonction principale et son action la plus radicale.
> VÉRONIQUE CÔTÉ

Lorsque j'ai commencé dans le métier, en 1994, il se trouvait encore des responsables aux plus hautes fonctions pour résister à la stricte logique des chiffres. Plus maintenant. Il semble que tout ce beau monde se soit tu, ou ait plié l'échine.

Au cours des dernières années, les télévisions publiques ont glissé vers une définition du documentaire qui s'apparente davantage au «grand reportage». On a peu à peu vu disparaitre les interlocuteurs qui ont un rapport sensible au cinéma. Les gens qui programment nos films et décident de leur financement sont désormais issus du monde des communications ou de la gestion. Contrairement au milieu du théâtre, de la littérature, de la danse ou des arts visuels, les décideurs du documentaire au Québec proviennent rarement du domaine des arts. Ce sont généralement des personnes de calculs comptables et de marketing. Comme dans une filière industrielle, ils demandent des *résultats*. Ils servent d'autres objectifs que ceux du cinéma. Ainsi, cause ou conséquence…

> Notre époque tend davantage à faire circuler le portrait des vedettes que la pensée des créateurs. Le temps fera le tri, si on se survit.
> DAVID GOUDREAULT

Depuis 25 ans, j'essaie de garder un esprit de transgression dans mon travail, un côté *chargé* et *dangereux*. Mais l'espace est de plus en plus mince. J'ai eu conscience de ce glissement vers le vide. Aujourd'hui, peu de décideurs entretiennent un rapport intense à la poésie, à la philosophie, à l'image, au son ou aux formes de narration. Leurs choix sont le plus souvent conditionnés par une sorte de dictature du sujet, comme dans une salle de nouvelles.

Aussi le retentissement anticipé des projets de films—le *buzz* médiatique—fait-il partie des questions qu'on nous pose invariablement, avant même celle de leur nature. «Penses-tu que ce film-là nous permettra d'aller à *Tout le monde en parle*?» Les considérations esthétiques ou dramatiques sont à peu près évacuées.

Il est triste de constater qu'aux yeux des programmateurs des quatre coins du monde, le Québec est encore perçu comme une terre sainte du cinéma documentaire, surfant sur l'époque du cinéma direct, mais qu'on choisit ici de le bousiller. Les dirigeants de l'Office ne comprennent pas la formidable machine de cinéma qu'ils ont entre les mains. Ils pourraient bien gérer une boite de chaussures; ils sont tombés sur une boite de films.

À l'ère numérique, il ne s'est jamais vendu autant de cinéma documentaire sur les plateformes et les marchés du monde. Mais nos télévisions publiques comme nos institutions regardent ailleurs. Il semble que ce soit un autre des visages de notre amnésie—*je me souviens* de quoi, exactement?

Est-ce la tyrannie de la rentabilité propre à l'époque qui menace la pensée et les arts, ou ceux-ci sont-ils menacés parce qu'ils charrient une résistance à la logique capitaliste?

> J'aime toujours me rappeler que la démocratie, c'est notamment la possibilité de la discorde, de la chicane, de la différence. Ce qui peut et doit s'entrechoquer. La coexistence de voix discordantes, de voix multiples. Et donc, oui, nécessairement, je vois un lien entre la santé démocratique et la vitalité artistique puisque cette dernière est l'expression même des possibles qui naissent de la liberté toute particulière qui fonde cette manière d'articuler le vivre-ensemble.
>
> VÉRONIQUE GRENIER

L'histoire démontre en tout cas que lorsque l'art recule dans un pays, beaucoup de choses reculent : la démocratie, la liberté de pensée et de parole, et probablement, aussi, l'occasion de *faire société.*

debout face au chaos

Pour nous mettre le feu

Il y a une affinité fondamentale entre l'œuvre d'art et l'acte de résistance.
—Gilles Deleuze

IL Y A DE LA VIE SUR TERRE depuis 3,5 milliards d'années. Notre espèce, elle, est apparue il y a 300 000 ans. Pendant tout ce temps, l'équilibre écosystémique général est demeuré assez stable. Sauf sur les tout derniers milles où, vraisemblablement, la machine s'est emballée.

Au moment où j'écris cet essai, les journaux du monde entier titrent qu'au cours des 45 dernières années, 60 % des 4 000 espèces vertébrées recensées par le Worldwide Wildlife Fund ont disparu de la surface du globe. Elles ont été dé-ci-mées.

Et rien ne semble pouvoir stopper l'effondrement.

Les quelque 15 000 scientifiques du Groupe d'experts intergouvernemental sur l'évolution du climat documentent le problème depuis trois décennies maintenant; il apparait que l'Homo sapiens turbo—son projet et ses manières—est le seul responsable sur le radar.

Comme cette pichenotte temporelle correspond rigoureusement au temps de ma vie, disons que j'en fais une affaire assez personnelle.

Je dis *personnelle*, mais je parle évidemment de nous tous. Notre espèce provoque des vagues de destruction telles que la biologie a commencé à flancher. Et risque de nous emporter avec elle.

Ce problème m'occupe, comme citoyen, comme artiste.

Comment avons-nous pu créer une manière de vivre qui soit aussi puissamment toxique s'il est vrai que nous sommes « supérieurement intelligents » aux autres espèces ? Je ne m'explique pas ce paradoxe. À part peut-être dans les milieux financiers et pour une certaine frange politique tout à la droite du spectre, on convient désormais qu'une croissance économique *infinie* sur une planète *finie* est une absurdité.

Ce retournement contre nous renvoie forcément à des questions philosophiques sur le sens de notre présence ici.

Des régiments de philosophes, de sociologues, d'économistes, de politologues et autres prix Nobel s'échinent depuis 30 ans à nommer cette aberration autant qu'à concevoir des solutions, à échafauder des plans pour contenir la bête.

> Rien n'y fait.
> Nous avons l'Histoire *stallée*.
> On ne parvient plus à craquer le code,
> ce code crypté à l'intérieur de nous.
> Il y a un problème avec nos désirs.

La mécanique par nature toujours croissante du néolibéralisme s'impose encore comme le cœur de la culture mondialisée, et ce paradigme contamine toutes les sphères de l'activité humaine. Nous sommes tous engagés dans un mouvement qui nous dévore par l'autre *boutte*.

Je crois que nous sommes arrivés au point où il va falloir mettre le feu.

> Voilà un beau plan. Résister au nivèlement de nos rêves, de nos rapports humains, de nos peurs, de nos paniques et de nos coups de foudre. Résister aux lois de l'offre et de la demande, aux règles de bonne conduite, et aux recettes toutes faites, briser les maillons qui font de nos œuvres des restaurants en chaine. Pour que nos mots, nos idées, nos passions ne soient pas édulcorés à l'aspartame et au glutamate de sodium. Le combat est grand. C'est le droit à la dignité.
> PHILIPPE DUCROS

L'art est un brasier.

Du *J'accuse* d'Émile Zola au *J'aime Hydro* de Christine Beaulieu en passant par le *Refus global* de Paul-Émile Borduas; de l'œuvre complète d'Ai Weiwei au «Déserteur» de Boris Vian en passant par *L'archipel du goulag* d'Alexandre Soljénitsyne; des *protest songs* américaines au *Guernica* de Picasso; de la poésie d'Eduardo Galeano à l'œuvre de Malraux et à celle de Camus; de Bertold Brecht à Simone de Beauvoir, depuis toujours, les artistes ont haussé le ton par l'art pour enflammer leur époque, pour changer leur temps.

À ce moment-ci de l'histoire du monde, l'art doit être le combustible et la catastrophe; il doit inciter à la désobéissance, à l'insurrection. Du point de vue esthétique autant que sur le plan des idées, la rébellion est de toute façon la seule posture pertinente en 2019—comme elle l'était en Allemagne en 1933. L'heure n'est plus à la soumission.

> Sauver le monde veut dire pacifier le monde, abolir la violence. Telle devrait être le seul problème et la seule ambition de l'artiste. Le créateur, en développant une véritable pensée

> de fond et en inventant sa propre forme, car il est libre, peut arriver à contribuer à sauver le monde, en créant des outils pour l'affronter exactement, justement.
> MYLÈNE BOUCHARD

Plus les années passent et plus la question de notre autodestruction est sous-jacente à tous les projets artistiques que je mène, comme un truc que je n'arrive plus à contourner ou à taire. Je n'ai plus de patience pour la servitude volontaire. Je cherche partout une forme dissidente de présence au monde. Je me dis que je devrais pouvoir contribuer, à ma mesure, à résoudre cette énigme fondatrice.

Peut-être que je confonds l'art et la révolte.
Peut-être que je fais exprès.
Je ne suis pas le seul.

*

Le violoncelliste catalan Pablo Casals est l'un des musiciens les plus féconds du 20e siècle, l'incarnation même d'une fusion entre l'art et la pensée. Toute son œuvre est chargée d'un amour filial et inconditionnel pour l'humanité, couplé à une préoccupation pour la cité, sans qu'elle ait jamais eu de vocation ou de velléités politiques.

L'histoire de sa vie, marquée par une tenue et un courage au moins aussi grands que son talent, est inspirante. Casals croyait que la musique était le véhicule même de la bonté. C'est de lui que je tiens l'idée que l'art porte ontologiquement, c'est-à-dire dans son essence même, dans son ADN, son origine et son langage, un message pacificateur, humble, sage, bon, ascendant, bienveillant.

Issu d'un milieu très pauvre, Casals a gardé toute sa vie une approche physique, certains diraient « paysanne », de l'interprétation des grandes œuvres. Bach l'a occupé une large part de sa carrière. Dans sa compréhension des choses, le compositeur allemand commandait une métabolisation des partitions vécue dans le corps, brute, instinctive, presque animale. Il suffit d'entendre son interprétation des six *Suites pour violoncelle* pour tout de suite comprendre qu'il n'y a qu'un seul Pablo Casals.

L'art est un voyage perpétuel et ininterrompu vers « l'homme en foule » dont parlait Neruda.

En 1933, alors au faite de sa renommée, Pau Casals (comme le surnomment les Catalans) refuse de se produire en Allemagne. En 1936, il soutient les républicains espagnols et s'exile en France. Lorsqu'en 1945 les universités d'Oxford et de Cambridge veulent toutes les deux lui décerner un doctorat *honoris causa*, Casals refuse, prétextant le mutisme du gouvernement britannique, qui continue de faire des affaires avec l'Espagne malgré la dictature de Franco.

Il restera inflexible sur ses idéaux, exprimant son indignation devant la passivité des démocraties occidentales à l'égard de l'Espagne franquiste. Il s'astreint au silence complet, au mépris des graves conséquences sur sa carrière. Il est alors l'un des artistes les plus prisés au monde. Jusqu'en 1950, il ne donne plus un seul concert.

> L'art peut transmettre du courage. Le courage au sens large, comme le contraire de l'impuissance, comme l'élan pour agir, à petite ou à grande échelle. L'art est un combustible inépuisable.
> VÉRONIQUE CÔTÉ

Pressenti plusieurs fois pour le prix Nobel de la paix, Casals reçoit en 1971 la médaille des Nations unies, remise par le secrétaire général. Devant les délégués du monde entier, il joue son humble «*El cant dels ocells*», une chanson populaire catalane.

L'art est une manière de se tenir debout, face au chaos.

Pablo Casals est un héros. Il a consacré sa vie au sacré et à la beauté, tout en contribuant ardemment au feu de la cité.

*

Le 15 octobre 2018, à Montréal, le Centre du Théâtre d'Aujourd'hui et Dominic Champagne ont réuni à Montréal quelques centaines de proches, essentiellement des artistes et des personnalités politiques, à l'occasion d'un mystérieux spectacle solo, qui n'aura lieu qu'une fois: «Aujourd'hui, Dominic Champagne passe à l'histoire!»

Champagne se livre devant nous à un monologue de plus de deux heures trente sur son parcours de vie personnel. Des arts au mouvement social d'opposition à l'industrie des gaz de schiste, d'une posture nihiliste—de son propre aveu—à un engagement citoyen résolu, en passant par tous les stades de fièvre, de découragement, de dépression, de rechute, Dominic expose en toute candeur comment il ne peut plus se «limiter» à son rôle d'artiste. Face à l'urgence climatique, il témoigne de la difficulté qu'il voit—comme être pensant et agissant, comme citoyen—à se cantonner au théâtre.

Cette soirée en coup de tonnerre marque la fondation du Pacte pour la transition, que 283000 Québécois ont signé à ce jour afin de demander au gouvernement de la Coalition avenir Québec d'agir pour faire entrer le Québec dans le troisième millénaire.

Cette soirée fait écho à mon oscillation personnelle et ébranle mon propre raisonnement quant à la posture à adopter.

L'art ne laisse pas indemne,
il y a toujours un avant et un après.

*

Devant l'avancée des forces conservatrices, j'hésite moi-même entre trois manières de contribuer à notre embrasement:

1. Tourner des films sur des histoires «laides», pour sortir le monde de sa laideur. Pour résister, pour contrer la bêtise. J'ai fait un film sur un génocide, une fois, tourné clandestinement sur un territoire où les droits de la personne sont bafoués tous les jours depuis 60 ans. J'ai fait un film sur la destruction des écosystèmes par l'agriculture industrielle, une autre fois. Ces deux films projetés au Québec et à l'international à des centaines de reprises l'année de leur sortie en salle ont suscité des débats publics de grande envergure qui m'ont laissé épuisé. Fréquenter les milieux plus conservateurs, plus réfractaires au changement est de loin la tâche la plus exigeante que j'aie accomplie. Il demeure que c'est notre devoir. En 2019, il faut opposer une résistance frontale au capitalisme organisé en cartel.

2. Tourner des films sur des histoires «belles», pour créer de toutes pièces ce monde que nous voulons voir advenir. Inventer de beaux objets qui, par émulation, engendreront de la beauté.

> Les artistes ont ce projet-là de raconter cette histoire dont on rêve, pour faire en sorte qu'elle s'avère possible. C'est le génie de Cervantès. Quand il invente Don Quichotte, il nous ouvre la voie à un voyage possible qui est celui de croire qu'on peut changer le monde... quitte à se battre contre des moulins à vent. Et tout d'un coup, il fonde la littérature moderne et incarne un des grands mythes de l'Occident!
> DOMINIQUE CHAMPAGNE

J'ai fait une série télé, il y a plus de dix ans, sur des éclaireurs, apôtres du petit pas et déplaceurs de montagnes, tournée aux quatre coins du Québec. Je reçois encore des messages de gens à qui cette série a inspiré des solutions aux maux de notre temps: la création d'un groupe d'entraide, d'une classe pour enfants spéciaux, d'une entreprise d'économie sociale, celle d'une ferme bio, etc.

3. Faire de la politique *active*. Il me semble que pour vraiment changer le monde, il faudra enfin qu'on élise d'autres «races de monde»—comme le disait Félix—que des juristes, des financiers et des politiciens de carrière. Le conformisme et l'arrivisme inhérents à ces cercles nous ont menés à l'état actuel du monde. À l'avenir, il faudra qu'on élise des gens qui pensent obliquement.

Peut-être faudra-t-il faire tout cela en même temps... Et peut-être que les artistes ne parviendront pas à transformer la vie. Mais ils peuvent encore ouvrir des portes que plus personne n'ouvre.

L'art est une forme de l'affranchissement.
L'art est l'affirmation d'une souveraineté.

Pour une nouvelle narration du monde

Peut-on recommencer le monde avec des mots?
— Pierre Perrault

NOUS SOMMES LES CONTEMPORAINS de la fin des grands récits qui ont animé le 20e siècle, comme nous sommes les pionniers du monde nouveau qui s'annonce. Depuis 30 ans, les soulèvements populaires se sont multipliés, notamment après des crises économiques planétaires majeures comme celle de 2008. Ces fractures et ces oppositions idéologiques, portées par une partie de la population, ont toujours alimenté ma quête personnelle et artistique.

J'ai eu la chance, au cours de ma carrière de cinéaste documentaire, de croiser des tas de gens inspirés, des penseurs de tout acabit, des politiciens, des paysans, des philosophes et des artistes dont l'œuvre, la réflexion ou le travail sont maillés à une volonté *transformante*, c'est-à-dire à un désir de renverser le système économique dominant. Cela fait un quart de siècle que j'entends et que je note des correspondances entre les récits de citoyens disséminés dans plus de 50 pays sur tous les continents. Les recoupements sont la nourriture première des cinéastes parce qu'ils permettent le montage de leurs histoires. C'est le liant.

> L'art lie. Il lie plus fort, plus doux, il lie ailleurs et autrement. L'art nous connecte à d'autres humains, présents ou absents.
> VÉRONIQUE CÔTÉ

Mon sentiment qu'une large part d'entre nous sommes à la recherche d'un monde nouveau vient de ces expériences sur le terrain. Les inégalités entre les gens et entre les peuples vont toujours croissantes malgré ce que promettaient les pions de l'École de Chicago et autres vicaires du libéralisme économique; des délires identitaires continuent d'enfermer nombre de nos contemporains dans des chapelles racistes, laissant pointer «l'éternel retour du fascisme», pour reprendre le titre tristement prémonitoire du livre de Rob Riemen; nous avons contracté des hypothèques écologiques monstrueuses qui menacent désormais notre propre survie.

> C'est d'abord contre lui-même que l'humain contemporain devra apprendre à se battre. L'avenir immédiat de la planète humaine dépend désormais des millions de gens, sinon des quelques milliards, qui décideront de «sacrifier» une partie de leur confort actuel en pensant aux générations futures.
> JEAN DÉSY

Mais il nous faudra aussi impérativement inventer de nouveaux récits. Dans sa brève histoire de l'humanité, Yuval Noah Harari explique qu'au moment où Sapiens et Néandertal sont concurrents pour le contrôle des ressources, c'est la capacité du premier à imaginer des histoires nouvelles, et surtout à les transmettre, qui lui permettra de coordonner des groupes de plus de 150 individus dans une action collective concertée. C'est en le narrant que Sapiens a construit le monde qu'il voulait voir survenir.

nous serons un estuaire
une cordillère

Ainsi, l'argent, la démocratie libérale, la conception occidentale de la richesse et de la valeur… sont des créations humaines. Harari nous rappelle que nous pouvons faire table rase et changer les mythes qui nous fondent. Nous sommes des animaux d'imagination.

Les artistes sont des professionnels du *storytelling*. La cité a besoin de gens qui ont un regard trublion sur nos constructions. Des gens capables d'exploser les cadres, des gens dont c'est le quotidien de créer des choses qui n'existent pas encore. Nous devons remettre nos rêves sur la table à dessin.

> Il nous faut de toute urgence créer un monde où nous vivrons libérés du système capitaliste, qui est le fruit d'une culture hégémonique fondamentalement étrangère. Ce sera difficile. Ça se fera d'abord par des créateurs. Ceux qui patentent un monde en dehors du mythe qui nous gouverne. Ça demandera un talent de création certain, il faudra des gens entrainés pour ça. S'ils se rejoignent, ils commenceront la grande création collective d'un nouveau récit. C'est déjà commencé.
> CATHERINE DORION

L'art est un arsenal pour refonder le monde.

Si je suis issu d'une société construite sur l'idée qu'on n'a pas besoin de son voisin (la plupart du temps on ne le connait même pas), je crois que l'art peut aider à nous recoudre. Le philosophe Jacques Rancière dit: «L'art appelle la floraison d'une forme de vie collective.»

Il renferme le potentiel de construire une société qui deviendra le pire ennemi du capitalisme; une société qui met la vie au centre de son projet, une société écologiste, féministe, égalitaire et profondément de son temps.

L'art est une prophétie.

Pierre Perrault disait que c'est à partir du moment où l'on nomme un pays qu'il commence à exister. Comme l'atelier des artistes, ce pays sera notre laboratoire. Et une fois rétabli notre lien sensible à la beauté, au sacré, à la pensée, vous verrez...

Nos petites écoles lumineuses
cracheront des bataillons de petit monde pas un cadeau
        formés pour nous fendre
                nous fracturer
        formés pour nous contester l'ordre
                pour nous dire que le roi est nu

nos filles et nos fils émergeront debouttes,
        comme une forme de l'art
ils seront comme un vent chaud
        ils viendront de partout pour nous remettre le feu

et nous ferons corps
nous défilerons en cortège
serrés les uns sur les autres—comme un très grand progrès

nous serons une brèche, une bravade
nous aurons le don d'ubiquité
afin que le soleil ne se couche jamais sur notre résistance

nous nous interposerons par le rêve
        nous ferons face aux géants
nous serons cet estuaire, cette cordillère

le jour est venu d'imaginer d'autres constellations

ensemble
nous écrirons une nouvelle narration du monde
        pour enfin, enfin
        nous libérer les rivières.

Remerciements

Merci à Nicolas Langelier, pour la perche tendue et sa sensibilité. Merci à Vanessa Allnutt, pour sa redoutable rigueur et son engagement. Merci à Judith Oliver et au bel équipage d'intelligence fine d'Atelier 10.

Merci à mes deux enfants-prunelles, Colin et Alphée, qui sont une forme de l'art.

Merci à Stéphanie-mon-amour, pour son indéfectibilité et sa capacité à s'émerveiller de tout. Merci pour le travail des dix doigts prodigieux et le détail de tous les jours.

À propos de l'auteur

Cinéaste et producteur, **Hugo Latulippe** travaille depuis 25 ans dans le milieu du cinéma documentaire au Québec. Il a réalisé plusieurs films et séries télé, dont *Ce qu'il reste de nous*, *Alphée des étoiles* et *Manifestes en série*. À travers ses œuvres, il s'intéresse aux grandes questions de notre temps. Depuis quelques années, il s'est installé à demeure dans le Bas-Saint-Laurent.

Documents

La juste part
Repenser les inégalités, la richesse et la fabrication des grille-pains
David Robichaud et Patrick Turmel
2012

Année rouge
Notes en vue d'un récit personnel de la contestation sociale au Québec en 2012
Nicolas Langelier
2012

Le sel de la terre
Confessions d'un enfant de la classe moyenne
Samuel Archibald
2013

Les tranchées
Maternité, ambigüité et féminisme, en fragments
Fanny Britt
2013

Constituer le Québec
Pistes de solution pour une véritable démocratie
Roméo Bouchard
2014

La vie habitable
Poésie en tant que combustible et désobéissances nécessaires
Véronique Côté
2014

Second début
Cendres et renaissances du féminisme
Francine Pelletier
2015

Je serai un territoire fier et tu déposeras tes meubles
Réflexions et espoirs pour l'homme du 21e siècle
Steve Gagnon
2015

La route du Pays-Brûlé
Archéologie et reconstruction du patriotisme québécois
Jonathan Livernois
2016

Un présent infini
Notes sur la mémoire et l'oubli
Rafaële Germain
2016

Les luttes fécondes
Libérer le désir en amour et en politique
Catherine Dorion
2017

La fin des exils
Résister à l'imposture des peurs
Jean-Martin Aussant
2017

Miley Cyrus et les malheureux du siècle
Défense de notre époque et de sa jeunesse
Thomas O. St-Pierre
2018

La philosophie à l'abattoir
Réflexions sur le bacon, l'empathie et l'éthique animale
Christiane Bailey et Jean-François Labonté
2018

Les retranchées
Échecs et ravissement de la famille, en milieu de course
Fanny Brit
2019

Pour nous libérer les rivières
Plaidoyer en faveur de l'art dans nos vies
Hugo Latulippe
2019

Aussi par Atelier 10

Pièces

LA CARTOMANCIE DU TERRITOIRE PHILIPPE DUCROS
Pièces

VENIR AU MONDE ANNE-MARIE OLIVIER
livresgg
Gagnant
Pièces

CENTRE D'ACHATS EMMANUELLE JIMENEZ
Pièces

MANIFESTE DE LA JEUNE-FILLE OLIVIER CHOINIÈRE
Pièces

JEAN DIT OLIVIER CHOINIÈRE
Pièces

LES HARDINGS ALEXIA BÜRGER
Pièces

GAMÈTES RÉBECCA DÉRASPE
Pièces

DANS LE CHAMP AMOUREUX CATHERINE CHABOT
Pièces

LIGNES DE FUITE
Catherine Chabot
20
Pièces

J'AIME HYDRO CHRISTINE BEAULIEU
NOUVELLE ÉDITION AUGMENTÉE
livresgg
Finaliste
Pièces

NOS GHETTOS J-F NADEAU
AVEC DES CHANSONS DE STÉFAN BOUCHER
Pièces

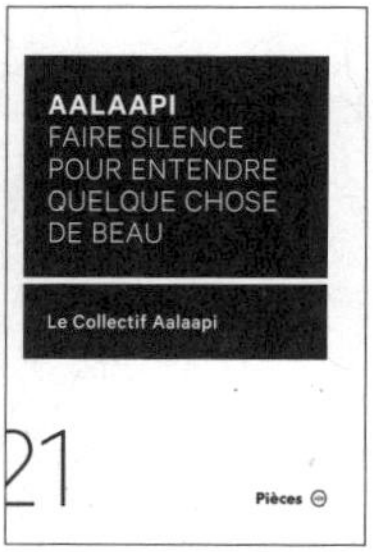
AALAAPI
FAIRE SILENCE POUR ENTENDRE QUELQUE CHOSE DE BEAU
Le Collectif Aalaapi
21
Pièces

Aussi par Atelier 10

Nouveau Projet

LE GRAND MAGAZINE DU QUÉBEC NOUVEAU

NATIONAL MAGAZINE AWARDS 2019
MAGAZINE DE L'ANNÉE
2019 PRIX DU MAGAZINE CANADIEN

Magazine de l'année au Canada, 2015 et 2019.
Finaliste, 2014, 2016, 2017, 2018.

Abonnez-vous!
nouveauprojet.com/abonnements

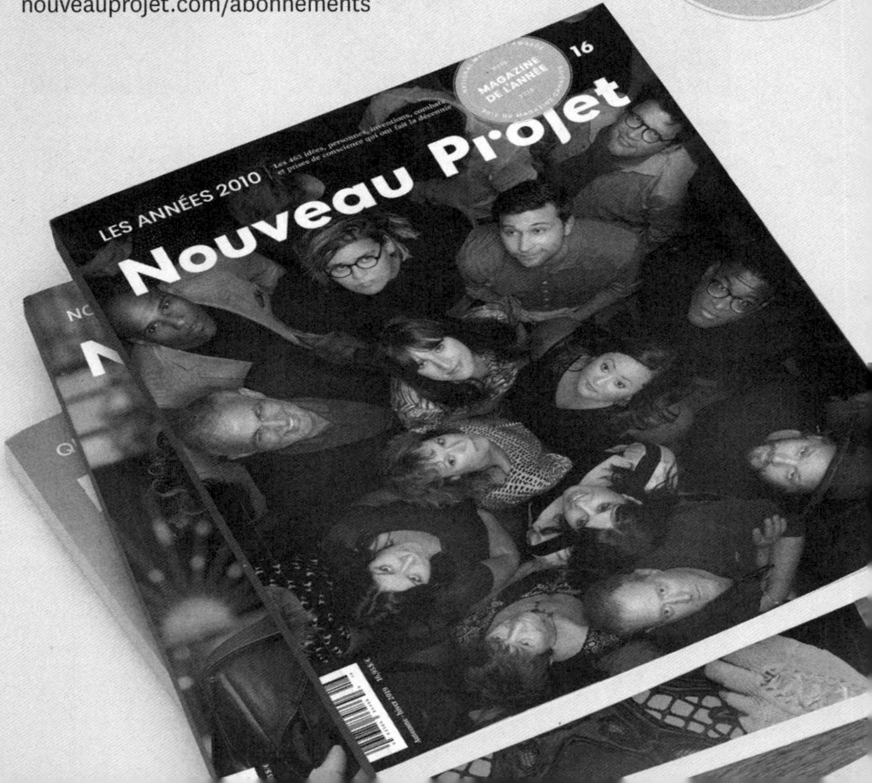

Achevé d'imprimer par Deschamps Imprimeur,
à Québec, en novembre 2019.

Ce livre a été imprimé sur du papier Enviro100,
contenant 100% de fibres postconsommation,
fabriqué au Québec par Rolland à partir d'énergie biogaz
et certifié FSC Sources mixtes et ÉcoLogo.

FSC www.fsc.org RECYCLÉ Papier fait à partir de matériaux recyclés FSC® C103452

100%

BIOGAZ ÉNERGIE

PERMANENT